高 等

"岗课赛证" 融通

新 形 态 一 体 化 教 材

幼儿园班级管理

主编 王普华 阳艳波

中国教育出版传媒集团

高等教育出版社·北京

内容提要

本书是高等职业教育"岗课赛证"融通新形态一体化教材。

本书主要阐述班级管理六方面的内容：接手新班级、班级常规管理、班级安全工作管理、班级教育活动管理、班级物品及文档管理、家园合作及社区资源利用。通过本书的学习，可了解幼儿园班级管理的内容、意义和原则；熟悉接手新班级后的相关工作；从常规、安全、教育活动、物品及文档等方面掌握幼儿园班级管理的流程及工作要点；了解如何利用家庭和社区资源，做好家园社区共育等。

本书可作为高等职业教育专科、职教本科、五年制高职、继续教育及中职学校学前教育、早期教育、幼儿保育等专业教材，并可供学前教育工作者、幼儿园教师等参考。

本书配有二维码链接的视频资源，学习者可随扫随学。教师发送邮件至gaojiaoshegaozhi@163.com可获取教学课件。

图书在版编目（ＣＩＰ）数据

幼儿园班级管理 / 王普华，阳艳波主编. -- 北京：高等教育出版社，2023.3
　　ISBN 978-7-04-059067-8

　　Ⅰ. ①幼… Ⅱ. ①王… ②阳… Ⅲ. ①幼儿园－班级－学校管理－教材　Ⅳ. ①G617

中国版本图书馆CIP数据核字（2022）第131303号

You'eryuan Banji Guanli

| 策划编辑 | 赵清梅 | 责任编辑 | 张庆波 | 封面设计 | 贺雅馨　张志奇 | 版式设计 | 张　杰 |
| 责任绘图 | 杨伟露 | 责任校对 | 胡美萍 | 责任印制 | 赵　振 | | |

出版发行	高等教育出版社	网　址	http://www.hep.edu.cn
社　址	北京市西城区德外大街4号		http://www.hep.com.cn
邮政编码	100120	网上订购	http://www.hepmall.com.cn
印　刷	高教社（天津）印务有限公司		http://www.hepmall.com
开　本	787mm×1092mm　1/16		http://www.hepmall.cn
印　张	13.75		
字　数	260 千字	版　次	2023 年 3 月第 1 版
购书热线	010-58581118	印　次	2023 年 3 月第 1 次印刷
咨询电话	400-810-0598	定　价	34.60 元

本书如有缺页、倒页、脱页等质量问题，请到所购图书销售部门联系调换
版权所有　侵权必究
物 料 号　59067-00

前　言

班级管理能力是幼儿教师必备的工作能力之一。本教材遵循"突出学生实践能力培养"的职业教育理念，采用"岗课赛证"融通模式编写。教材充分考虑高职学生的知识背景和学习特点，注重"理实一体化"。教材有四个方面的特色：

1. 编写体例上采用"项目—任务"式结构

在项目设计上，依次设置接手新班级、班级常规管理、班级安全工作管理、班级教育活动管理、班级物品及文档管理、家园合作及社区资源利用六个项目，让学生对班级管理工作有一个整体的把握，分别达到"有备""有序""有责""有质""有理""有力"的管理目标。各项目内容遵循项目概述—案例呈现—梳理流程—总结要点的讲述方法，理实一体，使学生既有感性认识，又能达到理论提升。

2. 实践案例丰富，呈现真实的班级管理情境

书中所有案例都来自幼儿园一线的实践工作过程，案例内容生动、有趣，基本涵盖班级管理的主要工作内容，呈现了真实的班级管理情境。这些案例故事能有效激发学生的学习兴趣，丰富学生的感性经验，一下子缩短了从理论到实践的距离，为他们深入地理解理论知识、掌握实践工作流程和具体工作技能做好准备。教材内容与班级管理实践紧密对接，体现了岗课融通，符合高职学生的学习特点，方便学生在真实情境的感知中模仿学习。

3. 项目工作流程清晰，方便学生掌握实践工作技能

按幼儿园班级管理实践过程，梳理每个项目的工作流程，帮助学生明晰各项目工作步骤，掌握核心工作技能。在项目工作流程分析的过程中，融入最新的管理理念、管理的原则和方法。比如，在各项目管理工作中都突出管理的教育价值，体现幼儿参与管理和自主管理的思想。这种编写方式与幼儿园班级管理工作实践对接更加紧密，突出了实用性和可操作性，使学生在走上工作岗位之后，能更快地适应班级管理工作。

4. 尊重学生的学习特点，突出学生自主学习理念

每个项目前先呈现学习目标，再列出知识框架图，有助于学生把握学习方向和建立整体知识框架。项目概述和项目工作流程部分插入微课二维码。拓展学习部分能有效开阔学生视野，丰富相关知识。思考与练习、赛证真题部分，助益学生更深入地理解项目内容，了解从业技能大赛和资格证考试的试题类型，进行有针对性地学习和准备。

本教材学习时间为一学期，32 学时。各项目学时安排可参考下表，教师亦可根据当地及学生实际情况灵活调整。

项目	一	二	三	四	五	六	合计
学时	6	6	6	6	4	4	32

本书绪论和项目五由济南幼儿师范高等专科学校王清丽、王普华编写，项目一由济南市章丘区东山实验幼儿园李伟、广西梧州学院杨思毅编写，项目二由长沙市教育局幼儿园吴峰林编写，项目三由长沙幼儿师范高等专科学校阳艳波编写，项目四由济南市章丘区东山实验幼儿园王敏、李伟、陈美菊、张红和刘娜编写，项目六由山东省供销合作社幼儿园鲁婷编写。全书由王普华和阳艳波整理统稿，王清丽和王敏协助整理。

感谢济南幼儿师范高等专科学校常春藤附属幼儿园、济南市历下区第一实验幼儿园、长沙市雨花区教育局幼儿园第六幼儿园、湖南师范大学附属德山学校幼儿园、国防科技大学第一附属幼儿园等为本书提供了大量素材；特别感谢张晓园长、谭湘府园长、周雅婷老师为本书提供了很多有价值的建议。

书稿编写匆忙，难免有不当之处，敬请读者批评指正。

编者
2022 年 10 月

目　录

6　项目六
有"力"——家园合作及社区资源利用············181

绪论

学习目标

知识目标：

☐ 熟悉幼儿园班级的含义。

☐ 了解幼儿园班级的特点。

☐ 掌握班级管理的含义。

☐ 熟悉班级管理的功能。

☐ 掌握班级管理的一般原则。

能力目标：

☐ 能充分把握幼儿园班级的特点并进行管理。

☐ 能全面认识班级管理的各项内容。

☐ 能落实班级管理的功能。

☐ 能在班级管理过程中渗透班级管理的一般原则。

素质目标：

☐ 理解班级是幼儿园最小的管理单位，重视班级管理工作，具有做好班级管理工作的责任感和使命感。

☐ 树立大局观和全面发展观，综合考虑班级管理的各种要素，做好整体协调安排。

☐ 树立"以人为本"的班级管理理念，促进幼儿生动、活泼、主动地发展。

知 识 框 架

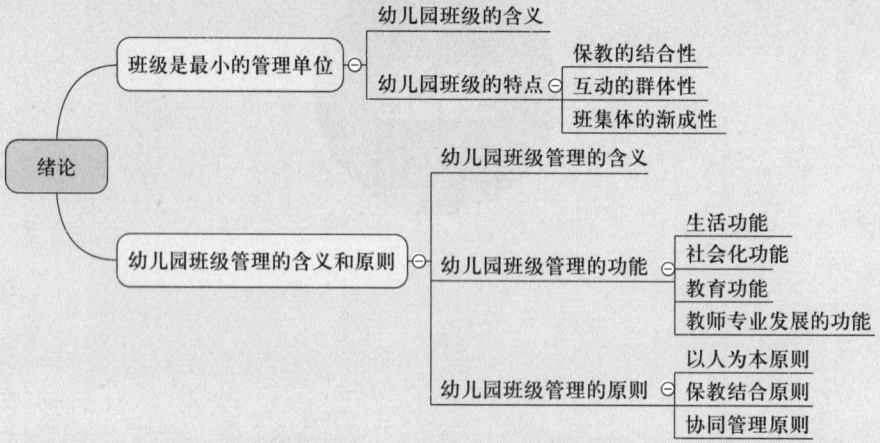

绪论
├─ 班级是最小的管理单位
│   ├─ 幼儿园班级的含义
│   └─ 幼儿园班级的特点
│   ├─ 保教的结合性
│   ├─ 互动的群体性
│   └─ 班集体的渐成性
└─ 幼儿园班级管理的含义和原则
    ├─ 幼儿园班级管理的含义
    ├─ 幼儿园班级管理的功能
    │   ├─ 生活功能
    │   ├─ 社会化功能
    │   ├─ 教育功能
    │   └─ 教师专业发展的功能
    └─ 幼儿园班级管理的原则
        ├─ 以人为本原则
        ├─ 保教结合原则
        └─ 协同管理原则

一、班级是最小的管理单位

（一）幼儿园班级的含义

班级是为实现保教目标，由幼儿园按照幼儿的年龄和身心发展水平组成的，进行保育和教育的基层行政组织，是幼儿园组织、安排教育活动和生活活动的重要场所与途径，包括人员结构、组织结构和物质结构三个方面：人员结构包括保教人员、幼儿和家长；组织结构分为班集体、小组和个体三种形式；物质结构是开展班级活动的物质基础，包括活动空间、活动设施设备和活动材料。

视频：幼儿园班级的结构

（二）幼儿园班级的特点

幼儿园班级具有其他学段班级的共同特点，如明确的目的性、成员关系的平等性、成员生理和心理水平的相似性、一定的组织常规和纪律性等；同时，由于幼儿园班级的教育对象是 3 ~ 6 岁的幼儿，因此，幼儿园班级具有保育和教育的双重任务，有其独特的特点。

1. 保教的结合性

保教结合性是指幼儿园班级承担着保育和教育的双重任务。保教结合是幼儿园工作的基本特征，亦是幼儿园工作的准则。《幼儿园工作规程》（以下简称《规程》）指出，"幼儿园的任务是：贯彻国家的教育方针，按照保育与教育相结合的原则，遵循幼儿身心发展特点和规律，实施德、智、体、美等方面全面发展的教育，促进幼儿身心和谐发展"。因此，在幼儿园阶段，教师除了有目的、有计划地对幼儿实施教育，还要实施保育，要做到"保中有教"与"教中有保"。其中"保中有教"指的是保育中含有教育，在照顾幼儿的一日生活的同时培养幼儿基本的生活自理能力和良好的生活习惯。而"教中有保"是指教育不仅仅是让幼儿学习知识，同样要尊重幼儿的身心发展规律，科学制定幼儿作息时间，保护幼儿的生理与心理健康。

2. 互动的群体性

在更多的时候，幼儿园班级中的互动不是个体间的互动，而是具有一定的群体性。如教师与幼儿、幼儿与幼儿、幼儿与环境材料等之间的互动。幼儿通过直接感知、实际操作、亲身体验进行学习，在与周围世界的互动中，认识客观物质的属性，了解事物的相互关系，积累感性经验，获得认知的发展。因此，教师要有目的、有计划地创设良好的人际交往环境，还要提供有准备的环境和丰富的材料，营造良好的班级氛围。引导幼儿在群体互动与合作中，共同探索、建构经验，获得发展。

3. 班集体的渐成性

班集体是为了实现教育目的和幼儿园保教目标，教师和幼儿相互影响而形成的心理组织。班集体不同于班级。班集体是在教师和幼儿长时间交往和合作的过程中逐渐形成的。当班级开始具备共同的奋斗目标、坚强的组织核心、严密的规章制度、形式多样的集体活动、正确的舆论和班风等特征时，班级就发展成了班集体。因此，班集体是由班级发展而来的。幼儿的身心发展不成熟，缺乏人际交往技能，尤其在刚进入一个班级时，很难快速地适应集体生活，需要较长时间熟悉班级环境，与教师和同伴建立亲密关系，理解并学会遵守生活常规，这种逐渐熟悉适应、磨合的过程，就是幼儿园班集体逐渐形成的过程。因此，教师要引导幼儿顺利渡过入园焦虑期，建立合理的生活常规，培养幼儿合作、分享、互助等优秀的品质，建立亲密的师幼关系和同伴关系，让幼儿对班级产生归属感，形成具有凝聚力的班集体。

二、幼儿园班级管理的含义和原则

（一）幼儿园班级管理的含义

幼儿园班级管理是教师通过组织、计划、实施、调整等环节，把园内与班级有关的各种资源充分运用起来，进行合理地组织调配，达到班级管理和教育管理的目标，提高班级服务质量的动态化活动。幼儿园班级管理包括班集体建设、班级常规管理、安全工作管理、教育活动管理、物品及文档管理、家园合作及社区资源利用等方面。这些项目内容会在本书一一展开论述。

（二）幼儿园班级管理的功能

幼儿园班级管理的功能包括生活功能、社会化功能、教育功能和教师专业发展的功能。

1. 生活功能

幼儿园班级管理对幼儿成长具有最基本的生活保障功能。一方面，幼儿一日生活是幼儿园活动开展的基础，幼儿园班级每天所进行的各项活动，都围绕幼儿一日生活展开，保证了幼儿生活的规律和心智的健康成长。另一方面，幼儿园重视卫生保健工作管理，保证了幼儿身体的健康发展。班级的卫生保健工作管理有预防和控制传染病、降低常见病的发病率、培养健康的生活习惯、保障儿童身心健康等功能，通过对幼儿个人和集体采取预防和保健相结合的综合措施，达到预防疾病、保护和促进幼儿身心健康的目的。

2. 社会化功能

人的社会化是指社会成员学习、掌握其所属社会的各种知识、技能，并适应其行为规范，取得社会成员资格的过程。班级是幼儿社会化的一个重要场所，班级管理是促进幼儿社会化的重要途径。教师根据社会和幼儿园的要求，有目的、有计划地向幼儿传递社会所要求的价值观念、道德规范，传授作为一个社会成员应掌握的一般知识、经验和技能，从而促进幼儿的社会化。幼儿在与教师、同伴、环境材料等的互动中，不断地学会遵从社会通用的价值体系，认识自己与他人、与社会的关系，从而加快社会化的进程。

3. 教育功能

幼儿园班级管理涵盖了班级生活中的方方面面，也包括以促进幼儿在健康、认知、社会性、情感、个性等方面的全面和谐发展为目标的教育活动管理，保障教师有目的、有计划地对班级幼儿实施保育和教育。其教育功能包含两个方面：一方面，教师在班级管理时，关注幼儿的经验和能力、生活和学习、德智体美劳等方面，有效促进幼儿全面发展；另一方面，在班级活动中，每个幼儿都按照自己的兴趣特点选择同伴、活动区、游戏等，能有效促进幼儿的个性化发展。

4. 教师专业发展的功能

幼儿园班级管理，是教师将自己掌握的班级管理相关知识进行实践的过程，教师在人际关系的管理、班级常规管理、教育活动管理等过程中，通过观察和分析幼儿在班级生活中的表现，反思总结教师自身的行为，不断完善调整教育策略，在思考和实践过程中，提高专业素养，促进自身专业发展。

（三）幼儿园班级管理的原则

幼儿园班级管理原则是指为了实现班级管理的目标，对班级进行管理必须遵循的普遍性行为准则，对班级全面管理具有重要的指导意义。

1. 以人为本原则

幼儿园班级管理的原则是一切以幼儿为本。《幼儿园教育指导纲要》（以下简称《纲要》）指出："幼儿园教育应尊重幼儿的人格和权利，尊重儿童身心发展的规律和学习特点。"以人为本原则，就是要确立和尊重幼儿在班级中的主体地位，尊重幼儿的人格，保证幼儿在班级管理中的参与权。教师要尊重幼儿的自主性、主动性和创造性，观察和追随幼儿的兴趣和需要，鼓励和引导幼儿的探索活动，使幼儿在原有经验的基础上，发现问题、解决问题，进行有意义的学习。教师要尊重幼儿的个性特点，为满足幼儿不同的兴趣需要，组织形式多样的活动，提供丰富且种类繁多的材料，鼓励和支持幼儿进行多样化的探索。

班级管理的一切活动，应以幼儿生动、活泼、主动发展为目标，充分考虑幼儿身心发展水平和个性特点，促进每一个幼儿在原有的发展水平上获得最大程度的发展。

2. 保教结合原则

保教结合既是幼儿教育的基本原则，也是幼儿园班级管理的基本原则。由于教育对象的特殊性——幼儿身心发展不完善，班级既是幼儿的学习场所，又是生活场所。所谓保育，是指对幼儿身体的照顾、保护、养育和促进，以及对幼儿心理能力的保护和培养。所谓教育，就是遵循幼儿身心发展的规律，把握幼儿的年龄特点，有目的、有计划地对幼儿进行体、智、德、美诸方面全面发展的教育。保育和教育在幼儿园班级管理中是紧密联系，相互依存的，保中有教，教中有保，保教结合。

首先，教师和保育员要树立保教结合的管理理念，避免"重教轻保"或"保教分离"。

其次，在实施教育的过程中，教师要创设宽松的教育氛围，与幼儿形成心理相容的师幼关系，使幼儿能在愉快的环境中健康成长。

最后，教师要仔细研究和设计幼儿生活活动的各个环节，分析各个环节中的教育价值，在一日生活中渗透教育，将生活和教育融为一体。

3. 协同管理原则

协同管理原则，是指幼儿园班级的所有成员，即教师、幼儿和家长，协同参与班级管理。注意不能仅将教师视为班级的管理者和主体，而将幼儿和家长视为被管理者和客体，导致教师唱独角戏，劳神费力但又达不到最佳效果。因此，在班级管理中，应以教师为主导，幼儿和家长参与，协同管理。

首先，教师是班级管理的主导者。教师要拟订班级工作计划，组织班级活动，协调同事、幼儿和家长之间的关系等。教师尤其是班主任老师是班级的管理者和组织者，处于主导地位。教师不要把班级管理看作是维持正常教学秩序的手段，要重视班级管理对幼儿发展的意义，在尊重幼儿的基础上引导幼儿成长，锻炼幼儿身体，开发幼儿智力，培养幼儿良好的习惯，激发幼儿的学习欲望和兴趣。

其次，教师要注重培养幼儿的自我管理能力。苏霍姆林斯基说："只有能够激发学生去进行自我教育的教育，才是真正的教育。"教师要让幼儿在一日活动中能进行自我安排和规划，树立相关的规则意识，并能够自主自愿地遵守规则，从而能管理好自己的学习、游戏、生活等各个方面，使一日活动的各个环节都能自主、有序地展开。

最后，教师要让家长参与到幼儿园班级管理的工作中来。《幼儿园教育指导纲要》指出：保教人员"与家长配合，根据幼儿的需要建立科学的生活常规。培养幼儿良好的饮食、睡眠、盥洗、排泄等生活习惯和生活自理能力。"教师要与家长保持平等的关系，视家长为朋友，积极与家长沟通，尊重家长的意见，虚心听取家长的建议，和家长建立融洽的合作关系，使家长了解班级管理事务，积极参与到班级管理工作中来。

实践园地

思考与练习

下面是一位班主任的心得：

班主任要担任双重角色。首先，做好本班教师的领头人，使大家一直保持积极的工作热情，带领大家一起做好本班的各项工作，对出现的问题及时协调解决。一方面，"该出手时就出手"，比如家长来了，班主任要主动与家长沟通交流，增进家园之间互相了解；出现问题，班主任是第一责任人，要身体力行地去设法解决，而不是将责任一推了之。另一方面，"该放手时就放手"，要充分信任每一位教师，支持大家发挥自己的聪明才智，创新工作；让每一位老师敢于说出自己的意见和想法，谁的意见合理采用谁的；鼓励每位教师积极与家长交流，与家长建立朋友式合作关系。其二，做好保教工作，尽到对幼儿的教育管理职责，促进幼儿的全面和谐发展。总之，班主任工作是一门艺术，工作内容多而烦琐，每天都需要在工作中学习、思考、总结、反思，努力在班主任工作中求"全""活""异""新"；班级工作既要务实，又要创新，并做到与时俱进。班主任既要做好教师团队工作的组织者、协调者，又要做好幼儿的教育者、引导者；既要明确分工，各负其责，又要互相合作。

试结合材料，并联系实际，谈一谈班级管理的原则有哪些。

赛证真题

2020年下半年教师资格证考试真题

13. 试述幼儿园班级管理工作的主要内容。（简答题）

【答题要点】

幼儿园班级管理一般有班集体建设、班级常规管理、安全工作管理、教育活动管理、物品及文档管理、家园合作和社区资源利用等方面的内容。

项目一　1

有"备"——接手新班级

学习目标

知识目标：

☐ 熟悉接手新班级的工作内容。

☐ 掌握接手新班级时"人、事、物"的管理。

☐ 掌握接手新班级的工作流程及具体要求。

能力目标：

☐ 能在接手新班级时有条不紊地做好各项准备工作。

☐ 能团结同事，打造一个团结友爱的保教团队。

☐ 能与幼儿建立和谐的关系，帮助其顺利适应幼儿园的生活。

☐ 能与幼儿家长有效沟通，为建立和谐的家园关系奠定基础。

☐ 能建设一个团结和谐，有凝聚力的班集体。

素质目标：

☐ 具有挑战意识，乐于接手新班级并积极开展有效的班集体建设工作。

☐ 具有团队合作意识，重视与同事建立温暖、和谐、相互支持的工作关系。

☐ 热爱教育事业，关爱幼儿，积极帮助幼儿与老师建立亲近的依恋关系。

☐ 树立平等、尊重、真诚、谦和的心态，积极与家长沟通，建立相互信任的亲师关系。

知 识 框 架

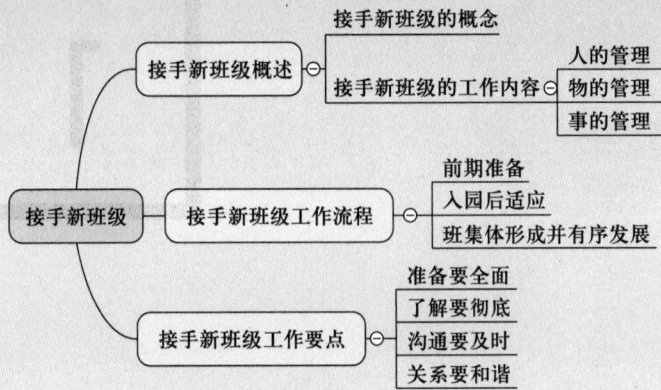

接手新班级
- 接手新班级概述
  - 接手新班级的概念
  - 接手新班级的工作内容
    - 人的管理
    - 物的管理
    - 事的管理
- 接手新班级工作流程
  - 前期准备
  - 入园后适应
  - 班集体形成并有序发展
- 接手新班级工作要点
  - 准备要全面
  - 了解要彻底
  - 沟通要及时
  - 关系要和谐

任务一　接手新班级概述

一、接手新班级的概念

接手新班级是指幼儿园教师与新的幼儿和家长共同组建新班集体的过程。一般来说，接手新班级指的是从小班刚入园时开始接手，偶尔也有从中大班开始接手的情况。接手新班级，教师有可能是当班主任，也有可能是当配班老师，这里主要介绍以班主任的身份接手新班级。即便是以配班教师身份接手新班级，也要对班主任工作进行详细了解，以便更好地配合班主任的工作。

视频：接手
新班级的重
要性

二、接手新班级的工作内容

接手新班级的工作内容比较多，大致可分为对人、事、物的管理三个方面。

（一）人的管理

对人的管理包括教师团队建设、师幼关系建设、亲师关系建设三个部分。

教师团队建设是指工作搭档之间相互熟悉、了解、磨合，建立起一种各司其职、相互补位的互助合作关系。一般来说，幼儿园一个班级中实行"两教一保"，三人共同承担班级幼儿的保育和教育责任。在日常保教工作中，虽然三人职责分工不同，但由于幼儿教育的特殊性，三人必须密切配合，努力在教育目标、教育理念、教育方法等方面加强沟通。确保有质量的教育，促进幼儿健康成长。

师幼关系建设指的是教师和幼儿之间通过熟悉、了解与交流建立亲近关系的过程。要充分把握幼儿向师性的特点，建立起一种积极有效的师幼关系，使幼儿亲师、爱师、向师，产生对教师的亲近感和依恋感。教师接手一个新班级时，要尽快熟悉每一个幼儿的身体状况、个性特点、家庭情况等，用真诚的态度、温和的语言、亲切的行为等，让孩子感受到教师的爱，从而心甘情愿地接受老师的教育和引导，使教育更加顺利、有效地展开。

亲师关系是对家长与教师之间关系的一种简称，"亲"指的是家长，"师"指的是教师。教师与家长建立积极的亲师关系，有利于合作共育，共同促成积极的教育成果。一方面，亲师合作有利于教师更深入地了解每一位幼儿的情况；另一方面，在教师的帮助下，家长也可以更加清晰地认识到自己在幼儿教育中的作用，积极做好家庭教育，帮助幼儿更好地成长。最初的亲师关系建立主要通过新生见面会、家长会、个别约谈等途径进行。

在接手新班级时，教师要快速熟悉搭档、幼儿与家长，通过团建、见面会、家长会等形式增进交流，使教师、幼儿、家长三方力争在短时间内实现"人和"的目标。

（二）物的管理

物的管理包括班级物品准备、环境创设等方面。

物品准备包括新生的水杯、毛巾、床铺、被褥等生活用品的准备、下发及整理等。班级日常活动所需要的玩教具等，也需要提前准备。

环境创设则包括教室环境、走廊环境等幼儿主要活动区域的环境创设，以给幼儿提供温馨舒适的环境，增强幼儿的入园兴趣，提升班级凝聚力，并发挥环境育人的作用，使幼儿从环境当中潜移默化地受到影响、得到成长。一般来说，一段时间之内的班级环境创设都是围绕某个主题展开的。

（三）事的管理

事的管理包括班级常规的建立和班集体建设等。

俗话说，没有规矩，不成方圆。常规教育是帮助幼儿学会遵守集体生活规则，养成良好行为习惯的重要保障，它能使幼儿生活有序、心情愉快，使教师带班轻松、得心应手。因此，在接手新班级的第一个月，教师应着重于建立班级常规。

班集体是幼儿教师开展教育教学工作的主阵地。良好的班集体环境能激励幼儿，使他们心情愉快，让他们积极、轻松、充满激情地投入到生活、游戏和学习中去。幼儿教师是班集体的建设者、组织者、领导者，要把班级管好、组织好、引导好、协调好，建立一个具有亲和力、凝聚力的班集体。建立一个良好的班集体是所有工作的基础，教师可以利用多种途径来促进班集体的形成。

　　四个案例分别展现教师团队建设、亲师关系建设、师生关系建设、班集体建设具体是如何进行的，其中包含着接手新班级的重要工作内容。

案例 1-1　教师团队建设——小班姐妹三人组

　　幼儿园教师优化组合结果公布出来了，小二班的教师团队由李林、王菲菲和张英三位老师组成。李老师是班主任，王老师是年轻的配班老师，她们两人有过两年的合作带班经验，配合得非常默契。张老师是保育员，是这个团队的新成员。张老师有着多年保育工作经验，年龄比较大，李老师和王老师亲切地称她为"英子姐"。

　　为了增进相互了解、融洽三人之间的感情，一天中午，班主任李老师提议三人聚餐，互相聊一聊家庭和工作上的事。从聊天中，李老师得知，张老师的孩子今年正准备中考，恰巧自己的姐姐在教初中，于是向姐姐要了一些复习资料送给张老师。张老师表示很感谢，对这个三人团队迅速有了融入感。

　　聚餐结束，下午上班时，班主任李老师首先带领大家彻底打扫了教室的卫生，然后一起进行班级环境创设。张老师负责教室的整体（包括地面、窗户、栏杆、橱柜表面等）清洁、消毒等工作，李老师和王老师负责教室布置。原来的教室有美工区、科学建构区、角色扮演区、阅读区四个区域。李老师根据自己的教学经验，与王老师商量增加一个植物角，以供幼儿观察植物的生长状态。王老师建议在进门处增设一个气象角，上面标明每天的日期、天气情况、气温、穿衣提示等。

　　班里以什么主题来布置呢？她们通过研讨一致决定，本次环境创设以孩子们普遍喜欢的汽车为主题。李老师和王老师一起用废纸箱制做了一个汽车模型放在门口，墙上又粘贴了不同样式汽车的图片。幼儿喝水处布置了加油站，洗手处布置为洗车处，地板上还用黑色胶带粘贴出了汽车的跑道。心灵手巧的张老师是彩泥高手，她用彩泥捏了好多小汽车放在手工区。

　　经过几天的努力，教室布置好了。李老师又组织大家简单地讨论了迎接小班新生入园的工作分工：李老师负责领取档案，电话通知家长轮流带孩子来园与老师约谈；王老师负责制作幼儿花名册，制订新生试入园方案，做新生胸牌；张老师负责领取毛巾、水杯等物品，整理班级卫生，迎接家长和孩子来园。

在家长带孩子来园约谈的过程中，出现了一个小插曲。有个叫颜颜的小女孩，她妈妈说，孩子不敢自己上厕所，也不会提裤子，全程需要大人陪，连小便池的台子也上不去。听到这里，在一旁贴照片的张老师有点着急地对这位妈妈说："上厕所还得大人陪吗？你们就是太娇惯孩子了。"李老师接着说："那孩子从小都是谁带的呢？"此时，妈妈露出惭愧的神情说："老师，说到这个，感觉挺亏欠孩子的。孩子一岁以后就让奶奶带回老家了，三岁才接回来。她从小就让奶奶跟着上厕所，特别胆小……"听完妈妈一系列讲述，老师们了解到，孩子自理能力差并不是像张老师猜测的"家长娇惯"这一原因那么简单，而是和孩子太小就离开母亲，严重缺乏安全感有很大关系。约谈结束后，三位老师进行了讨论，李老师对张老师说："颜颜不敢自己上厕所肯定会给你的保育工作增加不少麻烦，对我们的工作是一个小小的挑战。我知道您很着急，但我们还是得调查清楚原因再发表自己的看法。对颜颜，我们要做的，一是多关注她，陪她上厕所，让她在幼儿园里信任老师；第二，请妈妈多陪伴孩子，重建孩子的安全感，这样会对孩子有帮助。当然，这个过程可能会很长，但是只要我们用心，就一定会有效果。我们一起努力！"张老师也表示，自己心直口快，刚才直接批评家长有点太草率了，以后要注意了解清楚情况再下结论。

案例思考：

1. 对于教师团队建设，班主任李老师做了哪些工作？

2. 面对张老师与家长的不恰当沟通方式，班主任李老师是如何处理的？

案例1-2　亲师关系建设——新生家长会

一般在幼儿入园之前，幼儿园会组织召开一场新生家长会，给老师与家长提供见面和交流的机会，使家长初步了解幼儿园和孩子未来班级的老师，建立初步的亲师关系，提高家长对幼儿园的信任度。

根据家长入园约谈情况，班主任李老师撰写了新生家长会发言稿。方案内容如下：

感恩遇见　携手同行

——小二班新生家长会

大家好，我是班主任李林，今天是我们小二班的家长第一次整整齐齐地坐在这里，也是我再次站在这个位置给新生家长召开第一次家长会。因为我刚刚送走一个大二班，很庆幸，今年又抽到了小二班。能够完整参与孩子们在3~6岁阶段的成长是一件幸运的事情，感谢缘分让我们相遇，让我们成为一家人。

一、相互认识

首先，向家长介绍班里的另外两位老师。这位是王菲菲老师，这位是张英老师。（两位老师向家长打招呼，问好。）

刚才说到，因为有"缘"我们才成为一"家"人，我们来解读"缘"字。缘的字面意思是缠绕在一起的丝线，形容一种奇妙的关系。它有多条曲线和一条直线，且把直线看作"一"。"一"的含义首先是"一起"：大家从四面八方汇聚到一起，为了一个目的——孩子的成长；其次是"一同"：全班孩子缺一不可，老师、孩子、家长缺一不可，爸爸妈妈缺一不可，大家一同成长；最后是"一致"：除了一条直线，其余都是曲线，代表我们要包容谦让，沟通协商，才能达成一致。现在，请家长用一分钟的时间认识最多的家人（停顿一分钟，让家长们相互打招呼、相互问好），然后请家长说说，交朋友的感觉怎么样？（接着发出灵魂之问）如果明天你的娃和身边人的娃发生矛盾，你怎么办？你会不会找他理论理论？是的，不打不相识，有话好好说，或许在家长生气的时候，孩子们已经和好并成了好朋友，你们也可能会因此成为好姐妹、好兄弟。

缘分就是这么奇妙，你看我们刚才也建立了连接。我们也有组织，就是我们的班级群，我们建立了群规：

1. 爸爸妈妈进群，爷爷奶奶有特殊需要可以入群，不过名额很少。

2. 不发与教育无关的内容。不乱转发内部信息。发朋友圈不要有孩子照片，尊重隐私权。

3. 老师工作时间看到大家信息会回复，如太忙回复不及时，也请大家谅解。

二、温馨提示

1. 家长须知

（1）开学初期，请给孩子准备一套备换衣服，用袋子装好放在幼儿衣橱里。（衣服上要做好名字标记）

（2）入园前晨检，穿便于穿脱与运动的鞋子，不穿拖鞋，尽量不佩戴各种配饰。衣物上尽量不要有绳子或硬质装饰，勤剪指甲。

（3）请假制度。孩子生病或家中有事不能来园，需要及时向老师请假，以便老师掌握幼儿情况。

（4）正常入园时间为上午7：30，离园时间为下午4：50。无接送卡严禁接送幼儿，丢失及时联系老师销卡、补卡。

请各位家长及时接送幼儿，如有事耽误，请与老师联系。（9月6日—13日是下午4：00接孩子）

（5）早晨幼儿入园时请配合晨检。孩子生病尽量不来园。如感染传染病按规定时间进行隔离，医院出具康复证明后方可来园。

（6）做文明家长，言传身教，为孩子树立榜样。（配合静园制度，大门口有序停车，仪表整洁，爱护幼儿园环境卫生，教育孩子不随地大小便，不买门口小商贩食品、玩具，等等）

（7）幼儿被褥一月拆洗一次，请家长配合，按时完成。

（8）请将幼儿用的手绢缝上学号，方便孩子拿取使用；准备一块枕巾缝在孩子枕头上，方便幼儿辨认床铺。

2. 家长讨论

（1）如何看待有家长提出的给幼儿喂饭要求？（以女儿11个月独自进餐的视频为案例）

（2）如何看待幼儿间的冲突？（家长自主发言）

（3）如何有效配合幼儿园，做好家园共育？（小组讨论交流，写下方法）

3. 家园共育的几点要求

首先，家长要支持教师工作。

（1）家长要做好幼儿情绪疏导工作，同时培养幼儿自理能力和交往能力。一般来讲，自理能力强、活泼乐群的孩子入园适应得快一些，这得益于家长三年来对孩子的教育和培养；而自理能力差、缺乏安全感的孩子适应的时间相对长一些。针对分离焦虑比较严重的幼儿，可以推荐《魔法亲亲》《幼儿园里你最棒》《阿文的小毯子》等绘本及一些亲子游戏，帮助家长做好孩子的情绪疏导，逐步建立孩子的安全感。同时，家长在家里要注重孩子自理能力的培养与训练。在集体生活中，能够独立做事的孩子往往会更自信，也能更快地适应幼儿园生活。

（2）家长积极为班级工作和孩子的发展贡献力量。俗话说："人尽其才，物尽其用"，家长们可以发挥自己的职业优势，协助老师开展各种社会实践活动，让全班孩子受益；也可以辅助老师做好信息收集、统计工作；或者发挥自己的特长，在班级联欢会上表演节目……总之，只要家长有心，就能为班级出力，我们也会成立班级家委会和班级智囊团，期待家长们积极报名加入，为了孩子的发展，我们一起努力！

第二，帮助教师树立权威。

家长在幼儿面前要树立教师的权威，不在孩子面前议论老师，不对老师提无理要求。配合幼儿园，培养孩子习惯，建立规则，让孩子"明明德"。什么是对的，什么是不对的，树立规则意识，让他们快乐地交往和游戏。

三、开启征程

1. 配班老师向家长介绍试入园半日流程

2. 发出倡议

教育就像个扁担，一头是幼儿园，另一头是家庭，如果家长都把教育重担交给老师，单凭老师一人之力，不会撑起教育的一片天。影响孩子成长最关键的因素不是学校，而是家庭，"你想让孩子成为什么样的人，你就要去做什么样的人"。父母是孩子的第一任老师。在这里，希望家长勇于承担教育责任，既要言传身教，也要以身作则，全力支持老师。共同配合、步调一致，家、校教育才能平衡，孩子才能稳步成长！

所有孩子都能够度过入园适应期，请

相信孩子！

相信老师！

相信自己！

让我们共同携手，帮助孩子迈出人生第一步！

案例思考：

1.试分析，召开新生家长会需要哪些步骤？

2.教师在召开家长会时，有哪些注意事项？

案例1-3　师生关系建设——用爱温暖孩子们的心

班级基本信息：小班，共30名幼儿（男孩16名，女孩14名）

个别约谈初了解

领取幼儿报名登记表后，为便于掌握全体幼儿情况，方便和家长联系，配班王老师用电子表格制作了幼儿花名册，方便老师们了解幼儿的性别、出生年月、家庭成员情况等。全班30人，男生16人，女生14人；大部分幼儿年龄偏小，次年1月以后出生的占65%；二胎居多，占93%；父母职业中，教师、医生、公务员占85%，其余15%。对全班幼儿初步分析后，老师们开始准备个别约谈。个别约谈可以邀请幼儿家长带孩子来园，也可以家访。三位老师都喜欢邀请家长带孩子来园的方式进行个别约谈。于是，班主任制订了约谈方案：男生家长上午错时来园，女生家长下午错时来园，并打印了新生入园调查表。

第二天，约谈顺利进行，大部分家长带着孩子一起来了。孩子们很兴奋，在这个轻松的氛围中也能看到孩子的真实情况。有的孩子活泼好动，有的安静内敛。通过家长们填写的调查表，也能了解每个幼儿在自理能力、同伴交往、语言表达等方面的发展情况和家庭教养情况。通过此次访谈摸排和梳理统计，有5名幼儿不会独立进餐，6名幼儿不能独立大小便，1名幼儿有过高热惊厥史，还有8名幼儿有过敏情况。因此，老师们首先把这几个名字写出来放在班级提示栏，作为重点关注对象。

家长来园约谈前，老师们通知家长带来了幼儿一英寸照片、全家福照片，还有幼儿喜爱的玩具。在班主任和配班老师与家长谈话的过程中，保育员张老师就负责把一英寸照片张贴在水杯架、毛巾架上，将全家福照片布置到主题墙上面，并制作幼儿席位牌，把玩具分别投放到娃娃家、益智区等区域，为幼儿营造温馨的试入园环境。

新生试入园活动方案

金色的九月，幼儿园又迎来一批活泼可爱的孩子。我们采取逐步过渡、循序渐进的教育策略，开展新生入园亲子活动，以帮助幼儿及家长熟悉幼儿园的内外环境，减少幼儿开学入园时对陌生环境的恐惧感，为幼儿顺利进入幼儿园，尽快适应集体生活奠定基础。

活动具体安排如下：

多彩的童年

［活动目标］

1.通过活动，让幼儿熟悉幼儿园环境，喜欢上幼儿园。

2.增进幼儿与教师间的感情和家园联系。

［活动时间］

9月1日（上午）

［参加对象］

小班、托班幼儿及家长

［活动设计］

一、8:00—8:20：入园接待

接待家长、幼儿来园，请家长配合老师帮助宝宝认识自己的班级、床铺、毛巾、水杯等。

活动内容：来园区域游戏

准备材料：娃娃家材料、桌面建构材料、各种智力玩具等。

过程与指导：

1．观察、稳定幼儿来园时的情绪变化。

2．引导幼儿愿意上幼儿园，结识新同伴，体验与大家一起游戏的乐趣。

3．引导幼儿认识自己物品的标记，熟悉活动室、盥洗室、午睡室等环境。

二、8:20—8:40：问候时光

宝宝们一个接着一个地和小动物打招呼，一声声"你早！我来了"让宝宝冲破紧张的自我防线，增强自信心，在集体面前，让大家认识"独特的他"。

三、8:40—9:00：快乐时光

老师用生动的语言惟妙惟肖地讲故事。

四、9:00—9:20：点心时光

宝宝们自己洗小手、用毛巾擦手、吃点心，吃完点心把盘子、杯子、垃圾送到各自的家中。

五、9:20—9:40：运动时光

活动内容：集体游戏——小动物运西瓜

材料准备：小动物头饰四个、皮球四个、网兜四个、奖品若干。

游戏过程与指导：

（一）了解游戏的名称、玩法和规则。

1. 故事导入。

2. 教师介绍游戏的名称、玩法和规则。

示范：由两位教师示范游戏玩法，并说明规则。

（二）家长和幼儿合作开展竞赛。

1. 家长和自己的孩子分成一组，四组为一轮，开展竞赛。

2. 在一定时间内每组成员抬着"西瓜"，将它运到篮子里。以先到为胜出，可以获得奖品。

重点指导：家长和孩子要相互配合，共同将"西瓜"运到篮子里。

六、9:40—10:00温馨时光：宝宝和老师说再见。

通过半天的互动交流，可以看出每个家庭的亲子关系情况和家庭教养情况，使教师对每一个孩子有了进一步了解（如用餐情况、身体状况、最喜欢的玩具等）。

9月2日开始幼儿全天入园。

入园第一天

今天是正式入园第一天。一大早，老师们就分工合作，班主任李老师早早等在教室门口，负责接待入园的孩子和家长，配班王老师负责照顾已经入园的孩子，张老师引导幼儿洗手、喝水等。

通过前期的"功课"，老师们已经记住了孩子们的名字。看到孩子到来，李老师就热情地喊着孩子的名字，走上去，摸摸孩子的头，拉着孩子的手，从家长手里接过孩子，并引导孩子跟爸爸妈妈说"再见"。简短的交流之后，家长离开，张老师招呼孩子进教室，按照预定好的分组引导孩子们入座。有的幼儿高高兴兴地与爸爸妈妈再见，可有的幼儿则躲在家长身后哭闹着，怎么也不让家长离开。颜颜就是这样，她抱着妈妈的大腿，怎么都不松手。这时，李老师温柔又坚定地抱过她，请家长向孩子承诺"放学以后一定来接她"，就把她交给王老师，然后示意家长离开。颜颜一开始还是不停地哭，哭了一会看着妈妈真的走了，其他小朋友正在开心地跟老师玩游戏，也不哭了，跟着玩了起来。

早饭时间到了。保育员张老师分完饭之后，孩子们开心地吃起来。有的幼儿自理能力较强，能独立吃饭。而有的幼儿，拿勺子的方式不对，撒得满桌子都是。还有的幼儿看着饭发呆，不想吃。于是，三位老师齐上阵，纠正孩子的握勺方式，帮助不能独立吃饭的幼儿吃饱，不能让孩子饿着呀！

吃过早饭之后是集体活动时间。李老师引导小朋友学习儿歌《找朋友》，引导同组的小朋友相互认识，在一起快乐地游戏。

期间，个别幼儿哭闹着"找妈妈"，配班王老师和张老师负责安抚这些哭闹的幼儿：抱着他们，拿照片给他们看，引导他们玩家里带来的玩具，缓解他们的分离焦虑。

午休也是一个巨大挑战。有的幼儿在家有午睡的习惯，很快就能入睡。可是有的幼儿则分离焦虑值暴增，不停地"找妈妈"。这时，老师就进行个别安抚，通过轻声哼唱儿歌、拥抱、抚摸后背等方式哄幼儿入睡。

其实，孩子出现分离焦虑是正常的，毕竟，孩子是第一次独自离开家，离开家人，进入集体生活环境。这也是老师与孩子建立依恋关系的重要一步。一般来说，孩子的分离焦虑两周以内就能基本缓解，然后快乐地投入到幼儿园每天的生活当中。这预示着，孩子已经越过了"断奶期"，开始与老师建立起新的依恋关系，步入新的生活。

当然啦，不光孩子有分离焦虑，家长也有分离焦虑。许多家长把孩子送到幼儿园之后，在家里坐立不安，不知道孩子能不能适应，哭没哭？喝没喝上水？尿没尿裤子？老师们理解家长的心情，于是，在安抚孩子们的同时，不忘拍一些重要时刻的照片，发到家长群里，以减轻家长的焦虑，使家长安心、放心。

案例思考：

1. 为了迅速拉近师生之间的关系，案例中的老师着重做了哪些工作？

2. 面对幼儿的分离焦虑，教师应该以怎样的态度去面对？

案例1-4　班集体建设——萌娃"耀"成长

经过两周的入园适应，小二班的小朋友已经适应幼儿园的生活，能认识自己的物品，找到自己的小组，学会了排队，能独立进餐、收拾玩具，在老师的带领下，学会了很多的手指游戏、儿歌、律动，进步真不小！同时，经过和每个家长全方位的沟通，家园之间也初步建立起信任、合作的关系，在此基础上，成立了班级家委会。

转眼，一个月的时间过去了。马上要迎来国庆节，借此机会，小二班的老师们也想组织一场亲子活动，让大家感受节日气氛，激发爱国情怀，展现一个月以来孩子们的成长与进步，密切家园关系。经过老师和家长们的精心策划，"我是中国娃 稚绘中国心"的亲子活动如期举行了。

首先，小手拍拍欢迎爸爸妈妈的到来。

我们的祖国叫中国！让我们一起感受隆重的国庆阅兵式和庄严的天安门升旗仪式（图1-1）。当五星红旗冉冉升起，《义勇军进行曲》在耳边响起，家长和小朋友们共同面对这庄严的时刻，中国魂在此刻无声地传承！

图1-1 全体起立升国旗

下面，我们要跟爸爸妈妈一起表演节目啦！小小个子有大大的力量，你们今天都是最棒的小老师。《五只猴子》《小白小白上楼梯》《小跳蚤》《大门开开》家长们学得好认真（图1-2）！

图1-2 今天我当小老师

然后，爸爸妈妈们为大家表演了《红星歌》《我们是共产主义接班人》《我爱北京天安门》《让我们荡起双桨》等节目。家长们的勇敢展示为孩子们做了最好的榜样。

接下来，是生动有趣的亲子表演，家长和孩子共同演唱《宝贝宝贝》《没有共产党就没有新中国》《最美的光》《我们是共产主义接班人》等歌曲。

热爱祖国首先要热爱自己的爸爸妈妈，给爸爸妈妈深深的鞠一躬，对爸爸妈妈说声"您辛苦了"；亲一亲，抱一抱爸爸妈妈，告诉他们"我爱你"（图1-3）！

图1-3 爸爸妈妈我爱你

大手拉小手,"稚"绘中国心,一起描绘美好的祖国,一笔一画都是给祖国妈妈最好的礼物(图1-4)!

图1-4 "稚"绘中国心

最后,集体合影留念,活动结束。

案例思考:

1. 这次亲子活动,实现了哪些目标?

2. 这次活动如何促进了班集体建设?

任务二　接手新班级工作流程

刚刚接手一个新班级，教师需要做的工作有很多，持续时间也较长。为了便于理解和操作，我们将接手新班级的工作按时间划分为三个重要阶段：前期准备、入园适应及班集体形成并有序发展阶段。

前期准备　➡　入园适应　➡　班集体形成并有序发展

一、前期准备

（一）组建团队，彼此熟悉

组建一个新的班级，第一步要先组建教师团队。一般幼儿园在教师配置上有一套双向选择的方案。根据幼儿园编班情况，园长聘任班主任教师，班主任教师通过竞选，双向选择自己的配班与保育教师。这样的双向选择方法，兼顾老师们本人的意愿，有利于班级教师团结与工作配合。虽然是双向选择，但有些教师也是第一次合作，因此，教师搭档之间互相了解，建立互相信任、合作的关系非常重要。一般都会以聚餐、聊天、一同出游等小型的团建活动增进彼此感情，形成融洽的合作关系，为以后的工作打好基础。

【案例1-1】中，三位老师通过聚餐加深了相互之间的了解，又通过工作过程中遇到问题并有效沟通和解决问题的过程，在教育理念、教育方法方面达成了共识，有利于日后工作中大家相互取长补短、密切配合。

（二）准备物品，布置环境

对于初入园的新生，要准备的物品不少。比如，幼儿被褥、毛巾、水杯、吸汗巾、体温卡、接送卡等，一般幼儿园会统一定制，教师根据需要领取即可。像照片、胸牌、幼儿名牌等建立班级常规所用的个性化用品也要准备充分，并突出班级特色。同时，为了给新生营造温馨、宽松的班级氛围，还需要提前布置班级环境，这就需要家长的配合。比如，带全家福照片、幼儿自己喜欢的玩具等，以便教师进行环境布置，使幼儿一入园就有归属感和安全感。同时，为了方便保育工作，新生入园时建议家长给幼儿准备一个小书包，装上可换洗的备用衣裤等。

首先，要打扫教室卫生，保持教室干净、整洁、无死角，通常由保育员来负责。其次，班主任要带领教师们布置班级环境，根据班级的整体空间布局，比如，整个教室划分成几个区，钢琴、幼儿桌椅等大件物品摆放，教师可在充分考虑幼儿年龄特点的基础上，根据自己的工作经验及喜好来具体安排。同时，班级环境创设最好以幼儿喜爱的主题来设计，将各个空间内容统一布置，整合成一个整体，比如，在【案例1-1】中，整个教室以汽车为主题，门口摆放汽车模型，墙上粘贴了各种不同样式的汽车，喝水处布置为加油站，洗手处布置为洗车处，地板上还用黑色胶带粘贴出了汽车的跑道等。也可以以某种小动物、植物、动画片等为主题。

（三）家园沟通，增进了解

在正式入园之前，教师需要通过多种渠道预先了解幼儿的情况，比如，领取幼儿入园档案后要建立班级幼儿花名册，统计幼儿的出生年月、性别、家庭成员信息等。教师要有意识地记忆孩子们的姓名和家庭情况，做到初步了解。班主任和配班老师要进一步通过家访、个别约谈等形式与家长进行沟通，了解幼儿的家庭教养、各项能力发展水平等情况，并做好相应记录。教师要根据了解到的情况和家长的需求，制定家长会方案和新生试入园方案。

视频：家园
沟通"三
步法"

为了方便沟通，班主任要提前组建班级群，微信群、QQ群或者钉钉群均可。一般邀请父母进入，其他带养者如果有需要，也可以加入。

通常情况下，在幼儿入园之前，教师还要组织新生家长召开家长会。园所层面的家长会要向家长介绍幼儿园的办园理念和办园特色，以及园方对入园焦虑等共性问题的应对措施；班级召开的新生家长会，主要是让家长了解班级教师及幼儿入园需要家长配合的相关事宜。第一次班级家长会非常重要，要让家长对班集体"一见倾心"，与老师形成情感上的链接。一般有以下几个步骤。

第一步：介绍幼儿园和班级教师。一般新生第一次家长会，采取先全年级集体召开，再分散到各班进行的方法。全年级家长会一般由园领导统一向家长介绍幼儿园的办园理念、培养目标和办园特色，使家长和幼儿园的价值观保持一致。之后依次介绍各班班主任老师，内容包括班主任老师的工作年限、曾经取得的荣誉、个人的工作优势和特点等，以提高家长对幼儿园老师的信任度。然后，再由各班班主任老师引导本班幼儿家长到教室召开班级家长会。

第二步：认识本班教师。在班级家长会上，首先，班主任老师会向本班所有家长介绍本班配班老师和保育员教师。这时，一般会让每一位老师发表一段热情洋溢的欢迎词，以帮助家长了解每一位老师，建立最初步的亲师关系。

第三步：家长互相认识。为了让后期班集体建设更加顺畅，家长之间的相互认

识也必不可少。第一次家长会，虽然家长们之间不可能全部认识，但可以用一些破冰的小游戏缓解陌生感，让家长尽可能多地熟悉身边的伙伴。

第四步：提出共同愿景。相互熟悉后，教师可以提出家园共育的共同愿景：为了孩子健康快乐成长。可以让家长讨论：您认为的健康成长包括哪些方面？把家长们的讨论结果梳理出来，作为共同的班级目标。

第五步：讨论配合事项。为了班级共同目标的达成，需要家园一致的努力，在一些事情的处理和应对上就必须达成一致。比如一入园就经常出现的问题：该不该给幼儿喂饭？幼儿之间发生冲突怎么办？幼儿在园出现一些特殊情况没有及时告诉老师，您怎样看待，以及会如何处理？提前把幼儿入园后可能出现的问题与家长进行沟通，通过讨论找到合理的解决办法，会避免孩子入园后可能发生的误解和矛盾。同时，教师还要把需家长配合的相关事宜介绍清楚，比如接送的时间、入园的具体要求等。

第六步：发出倡议。最后，可以发出倡议或者让家长写下应对入园焦虑的做法，比如，"我会温柔坚定地告诉孩子要坚持上幼儿园""我相信孩子能顺利渡过入园适应阶段""我会每天询问孩子在幼儿园发生的开心事""我会接纳孩子当下的焦虑情绪，陪伴他慢慢适应"等，让家长把对老师的信任和配合，落实到具体做法上。

另外，可以通过自愿报名、班组遴选的方式，确定班级家长委员会成员，协助教师开展各项活动。比如，开学初期，按照家长的意愿为班级统一购买班服等。

【案例1-2】展现了一个比较完整的新生家长会的活动方案。召开家长会对于某些教师来说是比较有挑战性的工作。建议缺少经验的教师把家长会的稿子逐字写下来，做到有备无患；让家长看到教师积极向上、自信洋溢的风采，这也有助于建立亲师关系，从而让家长更放心地把孩子交到老师手上。

二、入园适应

经过前期的精心准备，教师已经从家庭教养层面比较详细、全面地了解了幼儿。这一阶段是独属于教师和幼儿的亲密时光。

为了减缓幼儿的分离焦虑，一般幼儿园会设置试入园环节，不同的地区，不同的幼儿园，试入园的时间不同，有的幼儿园试入园一天即进入正式入园阶段，有的幼儿园试入园两天或三天之后才正式入园。第一天家长带孩子来幼儿园亲子游戏两个小时；第二天完成早餐，到午餐前离园；第三天完成早餐，到午餐之后离园；第四天幼儿才正式独立入园。因此，教师的工作也可按照试入园、正式入园的流程进行。

（一）试入园，缓焦虑

试入园目的很明确：让幼儿在家长的陪伴下，熟悉幼儿园的环境和自己的物品，了解自己需要独立完成的事，比如，在幼儿园小便，用自己的毛巾擦手，用自己的水杯喝水等，从而帮助幼儿快速熟悉幼儿园环境，减缓分离焦虑。试入园的形式多样，有的幼儿园会安排一些有趣的亲子活动，由家长陪同试入园；有的幼儿园则是幼儿单独试入园，从半日试入园过渡到全日入园。还有的幼儿园是根据幼儿的学号采取单双号试入园的方式，以减少教师的工作量，使教师有效关注到每一位幼儿。

不论何种形式的试入园，教师都需要制订详细的活动方案，科学合理地安排活动，以吸引幼儿的注意力，增强入园兴趣，缓解入园焦虑。【案例1-3】中，完整展现了一个试入园活动方案，大家可以借鉴。

（二）正式入园，促关系

正式入园后，教师要用亲切的话语和温和的态度让幼儿感受到幼儿园的温暖，比如，提前记住幼儿的乳名，见到幼儿后就亲切地叫出来，并且增加一些肢体的接触，比如摸摸头、拉拉手、抱一抱等，使幼儿愿意亲近教师。教师要组织丰富多彩的游戏，让幼儿学习有趣的儿歌、手指游戏、律动等，也可以多开展户外活动。活动过程中注意多表扬幼儿，使幼儿感受到被认可、被接纳。为了增加幼儿的归属感和安全感，可以先从熟悉班级环境入手，到了解走廊环境、园所环境。认识班级环境时，可以让幼儿和班级的物品挨个打招呼。比如，班级的电视，老师可以这样介绍："小朋友们，你们认识它吗？它是我们的电视宝宝，它的名字叫天天，小朋友们和天天打个招呼吧。你好，天天！""你们谁先告诉天天你的名字？"引导幼儿依次向电视宝宝介绍自己。这样的活动会让孩子对环境产生归属感。熟悉环境后再熟悉同伴。可以采用"找朋友"等儿歌，让幼儿先同组之间熟悉，每位幼儿至少交到一个好朋友，再慢慢尝试认识全班的小朋友。

"亲其师，信其道。"小班幼儿第一次离开父母独自进入集体生活，对成人有着强烈的依恋情感，这就要求教师要营造出与家庭相似的宽松、温馨的班级氛围。每天主动热情地接待他们，和孩子拉近距离，亲切呼唤孩子的乳名，和孩子交朋友，以自己的童心去跟孩子沟通、交流，使孩子们从对家人的依恋，转移到和老师的亲近上。

（三）稳定过渡，抓常规

幼儿正式入园之后，教师要着重于班级常规的建立。它是幼儿一日生活中应该遵守的基本行为规则，是提高幼儿一日生活质量的前提和保证。

入园初期幼儿要了解的班级常规包括认识自己的物品、了解活动区及活动规则、熟悉一日活动流程和规则，比如，早操队列要一个跟着一个走，用餐、喝水、上厕所要排队，有问题要报告老师，等等。【案例1-3】中，展现了入园第一天的场景。

其实，从幼儿踏入幼儿园的第一天，常规教育就开始了。入园适应期有两大重点，一是应对分离焦虑，二是帮助幼儿学会遵守幼儿园的常规。教师需要充分理解、接纳幼儿，帮助幼儿缓解分离焦虑，引导幼儿了解常规，遵循常规开展活动。

班级常规的建立，需要教师和家长双方的配合。教师可以将入园初期幼儿需要了解的常规先告知家长，家园共育，形成合力。

三、班集体形成并有序发展

随着幼儿入园时间的推移，在教师、幼儿和家长协调一致、默契配合下，幼儿大多很好地适应幼儿园生活，逐步养成一日活动常规。教师和幼儿的关系、幼儿与同伴之间的关系也日渐亲密。这时，教师可通过以下环节进一步促进班集体的形成，并增强班集体的凝聚力。

（一）设计班级标识，增加认同感

虽然入园之前教师已经进行了部分环境创设，但为了进一步增强班级的凝聚力，教师可组织家长、幼儿共同设计班级标识，进一步加强环境创设，增加班级成员的认同感。下面这个班级的做法值得借鉴：

为了增强班级凝聚力，豆豆班的小朋友们共同设计了班级吉祥物：黄色的小豆豆。为了让豆豆形象深入幼儿心中，教师还创编了一首班歌《我是一颗小豆豆》，每个幼儿都学会了。家委会专门联系机构印制了黄色小豆豆的T恤衫，小朋友们在各种重要的活动场合，都会穿着它们。班级标识、班歌和班服三者结合，幼儿便有一种自己是班级一员、班级是一个大家庭的感觉。

除此之外，教师又以班级吉祥物为基础，组织幼儿一起从主题墙到班级活动区，围绕吉祥物的形象对班级环境进行整体设计。在班级门口的两扇门上粘贴豆豆吉祥物形象，并附上"豆豆欢迎你"字样，让幼儿来到班级就有一种回家般的亲切、愉快的心情。班级的主题墙是幼儿的活动照片和活动作品板块，都以"小豆豆"的形象及口吻进行理念解读，更容易让家长和幼儿理解和接受。

（二）心理相容，氛围愉快

班主任要注意营造一个心理相容、轻松愉快的班级氛围，使幼儿在集体当中感受到被接纳、被包容和被理解，进而对集体产生强烈的归属感。

教师可以通过以下方面创设心理相容、轻松愉快的集体氛围。

1. 选择恰当话题

教师在做好日常保教工作之余，可以与孩子闲聊幼儿感兴趣的话题，如孩子们喜欢看的动画片、孩子的家庭生活等。当孩子们谈论巧虎、狮子王、葫芦娃、黑猫警长、白雪公主、灰姑娘、小猪佩奇时，孩子们的话匣子就打开了，眼睛里放着光，乐此不疲地和你讨论。幼儿的家庭生活也是很好的话题来源。对于孩子来说，家庭是一个自由而快乐的地方，如果你和孩子谈论他们的家人和一些在家里的快乐经历，他们会有很多话要说。

2. 关注幼儿的情绪

当幼儿处于悲伤、恐惧、焦虑、愤怒、委屈等不良情绪状态时，教师应及时给予适当的安慰。亲切的微笑、柔和的话语、温柔的拥抱和抚摸，给孩子妈妈般的温暖和安抚。当孩子哭闹、难过的时候，老师可以轻轻抚摸孩子，让孩子感受到老师的关怀；当孩子与同伴发生争执时，老师认真倾听他们的不满和委屈，同时帮助他们学习沟通与合作的基本技巧。教师还可以引导和鼓励孩子用语言表达自己的情绪，并为他们创设条件来宣泄自己的不良情绪。

3. 创设安全的表达环境

在交流时，孩子们往往很希望老师能全神贯注地看着他。有时他们怕老师看不到自己，还会跑到老师跟前，或者提高音量大声说话。还有些孩子会通过制造麻烦，故意与老师对抗来吸引老师的注意。其实，这些行为源于孩子们内心深处渴望被关注和被重视的需要。因此，教师必须关注孩子的这些心理需求，与孩子建立积极、信任、尊重的关系，让孩子有安全愉快的体验。教师要转变角色定位，抛开老师的架子，建立民主型的。让孩子感受到老师对他的关注、尊重和接纳，以及来自老师的关心和喜爱，并由此创设富有安全感的交流环境，孩子才能打开心门，敢于发言，敢于与老师交流。与幼儿交流时，教师要仔细聆听他们的诉说，给予积极的回应，如点头、微笑着询问，鼓励、柔和的眼神等，让孩子与老师产生情感上的共鸣。

（三）组织活动，家园同乐

常规逐步建立后，幼儿的各项能力得到增强，他们的发展进步会给教师和家长带来诸多惊喜。为了进一步增进了解，加强家园之间的凝聚力，让孩子们看到自己的进步并感到自豪，让家长们也为孩子们的成长而感到欣慰，教师可以组织一些班级活动。如自理能力展示、亲子出游、国庆家园同乐、趣味运动会等，这些活动不仅能让家长了解孩子的成长变化，树立科学的教养观念，更能体会教师工作的辛苦，感谢老师的付出，从而更加配合教师做好班级工作。【案例1-4】利用庆祝国庆节的机会，家园合作，共同筹备一场联欢会。在联欢会上，幼儿展现了一个月以来的成长和进步，家长也积极参与表演，增进了家园间的沟通和了解，班集体的凝聚力得到进一步增强。

　　教师也可以充分利用家长资源，邀请不同身份、不同职业的家长积极参与助教活动。如，交通警察爸爸给孩子带来生动有趣的交通安全课；消防员爸爸利用他的职业资源，带班上的孩子去参观消防局；心灵手巧的妈妈可以带着孩子捏泥人、剪窗花……这些活动，不但能让家长更多地了解幼儿园的生活及班级保教动态，还拉近了老师与家长的距离，实现了家园合作共育。

任务三　接手新班级工作要点

　　刚刚接手一个新班级，会面临许多复杂而又艰巨的工作任务，许多教师会感觉千头万绪，无从下手。这种感觉是正常的。但只要开始做，并且经过充足地准备，周密地计划，把基本的工作要点做到位，就不会出大的纰漏，甚至还能做到有的放矢，游刃有余。接手新班级的工作要点总结如下。

一、准备要全面

　　良好的开端是成功的一半。前面提到，接手新班级首先要进行"人""物""事"的准备，只有把准备工作做得细致充分，后面的工作才能有条不紊地开展。具体来讲就是"工作搭档要熟悉""物质准备要充分""沟通计划要具体"。

二、了解要彻底

　　教师要全面了解班级孩子的信息，对性别分布、具体年龄、月龄分布，父母职业情况等数据进行统计，更要对幼儿的发展情况和家庭教养情况进行深入、细致地了解，对于体弱、行为异常、体质过敏等幼儿要摸清情况并做好记录。对于幼儿的个性特点、兴趣爱好也要有所了解，便于对幼儿以及家长进行个性化指导。

三、沟通要及时

　　"智者千虑，必有一失。"在新生入园或者接手新班级的过程中，难免会出现各种各样的情况，如幼儿尿裤子、与同伴发生冲突、情绪异常等。出现这些情况时教师不要过于焦虑和担心，要及时地和家长沟通，说明事情的来龙去脉，以免因沟通不及时造成家长和教师之间的误会，使工作陷入被动。教师和家长的目标是一致的，都是为了幼儿的健康成长，因此，及时坦诚地与家长沟通，取得家长的理解和支持，就会避免出现一些不必要的矛盾。同时，班级管理工作是一个长期的过程，教师把对孩子的爱倾注在细致耐心的工作上，一定会赢得幼儿的喜爱，而家长对教师的肯定，也会从孩子对老师的爱中生发出来。

四、关系要和谐

"先有关系，再有教育"，和谐班级关系的打造也是接手新班级时需重点关注的内容。幼儿园班级的和谐具体体现在：轻松、平等的师幼关系，关爱、团结的同伴关系，团结、协作的同事关系，信任、理解的家园关系。

1. 建立轻松、平等的师幼关系

著名教育家马卡连柯说过："没有爱就没有教育。"作为一名幼儿教师，需要有一颗爱孩子的心。要建构和谐的班级，用"博爱"去关注每个孩子，是一个重要前提。

小班刚入园的孩子，教师需要用母爱般的呵护去对待他们。可以亲切地称呼孩子的乳名，拉近与孩子的距离，让他们有安全感，对老师产生依赖感。每天对他们微笑多一些，细心多一些，及时、适当地鼓励表扬，敏感地察觉他们的需要，及时帮助孩子解决困难，度过"难关"，尽快适应幼儿园的生活。

2. 营造关爱、团结的同伴关系

幼儿刚刚进入集体生活，同伴之间发生争执、出现矛盾冲突是必然的。教师要为他们创建一个积极交往的环境，充满团结友爱的大家庭氛围可以提升孩子的社会交往能力，从而使他们学会和谐相处，建立良好的同伴关系。在一日保教活动中，贯穿互相谦让、相互关心的教育。如，看书、玩玩具时教育孩子不能抢夺，要学会分享；不小心碰到同伴，应该说"对不起"；自己被抢玩具或被别人撞倒时，也不能因此去打人或吵架，要学着沟通与协商；平时与同伴交往时多用礼貌用语"请""谢谢你""对不起"等。

3. 构建团结、协作的同事关系

教师之间的和谐、和睦关系不仅影响到班级工作能否顺利进行，而且影响着孩子对他人的态度。一方面，在班级工作管理上，只要三位教师心往一处想，劲往一处使，经常交流，相互帮忙，相互体谅，认真完成每一件事，班级工作才能有序开展。另一方面，教师是幼儿的表率，教师之间团结、和睦、友善，容易激发出一种积极向上的班级氛围，对班里的孩子产生一种潜移默化的影响，并为培养孩子间的团结友爱、和谐相处树立良好的榜样。

4. 创造信任、理解的家园关系

建立一个和谐、健康向上的班集体，离不开家长的支持与配合。教师与家长间的关系是否和谐，也直接影响着班上每一位孩子的健康成长。平时，教师必须经常向家长反馈孩子的在园情况，一起讨论和分析孩子的成长问题和解决问题的办法，共同努力教育好孩子。实践表明：家园共育会取得事半功倍的教育效果。具体要做到以下几点。

（1）教育观念要一致。为了保证和谐班集体的建立和顺利开展各项班级活动，教师可以引导家长参与班级管理，明确家园合作的内容。如，小班孩子刚入园，要教育孩子互相谦让，玩具、图书要商量着一起玩、一起看。但如果孩子间出现打闹、抓伤事件时，如果家长教育孩子"谁敢打你，你就打回他，不用怕！"，孩子在园接受的良好行为教育，就会被家长的反教育抵消。类似的事件，教师需要跟家长进行沟通，统一教育理念，方能形成家园合力，共同促进孩子成长，逐渐形成和谐的班集体。

（2）以诚相待，坦诚沟通。小班孩子入园时成立家长委员会，鼓励家委会及时听取家长意见，并和老师反映、沟通。现代通信发达，QQ、钉钉、微信等都方便教师与家长随时沟通和对话，互通幼儿在园和在家的信息。在沟通的过程中，教师应以朋友的身份与家长沟通，建立诚信的家园关系，进而得到家长们的认可与支持。

总之，构建和谐班集体是教育的需要，是教师接手新班级、进行班级管理的重要目标。教师要以终为始，向着既定目标，迈出最重要的第一步！

拓展学习

一、教师之间的沟通技巧

1. 教师与同事沟通的文明用语

- 不好意思，我认为，这事的解决办法……
- 您的方法很值得我学习。
- 别着急，再想一想，肯定有办法的。
- 我能说说我的想法吗？
- 看来在这个问题上我们有不同的看法，还需要进一步商讨。
- 你的想法很独到，也引起我的思考！
- 让我们共同学习、共同进步。
- 对不起，我没听明白，请您再讲一遍。
- 不用谢，这是我应该做的。
- ×××，麻烦你帮我一下，好吗？
- 有个通知请您记一下。
- 不好意思，麻烦您了。
- 谢谢！您辛苦了……

2. 教师对同事沟通的忌语

- 不知道，问别人去。
- 今天你带班，这事该你做。
- 又不是我带班，关我什么事。
- 连这么简单的事都办不好。
- 你怎么做事老拖拖拉拉的。
- 我就是这个态度，你去找领导好了！
- 我正忙着，你眼睛没看见啊。
- 你唠叨什么，要你来指挥我。
- 不是和你讲过了吗，怎么还问？

二、教师在开家长会时的注意事项

开家长会的过程中，应该做到：

- 提供一种舒适的不被打扰的环境。
- 以积极的语气开始和结束会议。
- 不要害怕告诉家长你不知道答案或你知道的不多，你要让人们确信自己会努力寻求答案。
- 保证和家长一样关心他们的子女。
- 保证有足够的时间用于充分讨论话题，但是不要讨论得太久。
- 让每个人进行自我陈述，敏感察觉他们感觉舒服的讨论话题。
- 在讨论会结束时，要有一个总结，简要说说今天讨论的内容和下次要讨论的问题。
- 安排下次讨论会的时间。

当家长会的议题是汇报儿童进步的时候，应该：

- 在确定讨论会时间前先考虑会议内容。准备呈现儿童的进步或取得的成绩，并阐述取得这种结果的典型事件。
- 如果儿童在某个领域需要提高，应该考虑怎样才能让其达到更高的水平。

要使家长会取得好效果，需要注意如下问题：

- 记住家长对他们的子女都怀有深厚的感情。要重视家长的这种感情，比如说："我理解这件事发生时您是多么难过！"
- 避免给儿童贴标签或夸大其词。不要把儿童称作"麻烦制造者"。
- 描述幼儿的在园行为或自己的处境，不是为了指责家长或者要让家长承认错误。
- 允许家长提问或描述他们所看到的孩子的行为。
- 记住，无论你如何小心和温和，难免有家长心存戒备甚至生气。他们会用否认问题存在的方式来回应教师，比如说："我们在家从来没有看到过这种行为。"家长也可能很主观地认为："老师不知道怎样与我的孩子相处，这是老师的问题。"
- 提醒家长，你对他们的孩子只了解一半。

实践园地

思考与练习

全美幼教协会（NAEYC）曾颁布了一项高质量幼儿教育机构的评价标准，其中就工作人员和幼儿的相互作用、工作人员和家长交流及物理环境的评价标准等方面进行了规定。其中，工作人员和幼儿的相互作用的评价标准如下：

1. 经常通过多种方式与幼儿交往。比如微笑、抚摸、拥抱、谈话，特别是在替婴儿换尿布、喂饭和幼儿入园、离园的时候。

2. 工作人员应该在幼儿视线可及的地方，并且随时对幼儿做出反应。

3. 工作人员要注意与幼儿的谈话方式，要用友好、积极礼貌的态度与幼儿说话，并经常提一些开放性的问题，同时注意与幼儿进行个别交谈。

4. 工作人员要平等对待不同民族和文化背景的幼儿，工作人员要为不同性别的幼儿提供参与所有活动的平等机会。

5. 工作人员要鼓励并培养与幼儿能力相适应的独立性。

6. 工作人员要善于运用正面的、积极的指导技巧，不要用竞争、比较、批判、体罚、人格侮辱等手段。要为幼儿制定一定的规则，但是环境的安排必须合情合理。少对幼儿使用"不"字。

7. 环境中的声音应该是愉快的交谈声、自然的笑声和兴奋的叫声，而不是尖厉的、令人压抑的噪声或者强制性的安静。

8. 工作人员要帮助幼儿处于舒适、轻松和愉快的状态，并鼓励幼儿参与游戏及其他活动。

9. 工作人员要注意培养幼儿之间的合作及其他社会行为。

10. 工作人员对幼儿社会性行为的要求，要与幼儿发展的不同阶段相适应。

11. 鼓励幼儿用语言表达感情和思想。

试结合以上材料分析，在入园初期，教师应如何与幼儿建立亲密的师生关系？

赛证真题

2015年下半年教师资格证考试真题

15. 材料分析题

小班入园第二周，王老师发现小雅在餐点与运动后，仍会哭着要妈妈。老师抱她，感觉她身体绷得紧，问她要不要去小便，她摇头。老师又问："要不要去大便"，她点头。老师牵她到卫生间，她只拉了一点就离开了。过一会儿，她又哭了。老师给她新玩具，和她一起玩游戏，但她的情绪还是不好。离园时，老师与她妈妈约谈，了解到小雅在幼儿园拉不出大便。

第二天早操后，小雅又哭了，老师蹲下轻声问："小雅是想上厕所了吗？"她点头。老师带她去上厕所，她又只拉一点就站起。"老师陪你多蹲一会儿，把大便都拉出来，好吗？"小雅又蹲下，但频频回头。这时，自动冲厕水箱的水"哗"的一声冲水，小雅"哇哇"大哭，扑到老师身上。老师紧紧地抱住她，轻柔地说："老师抱着你，好吗？"老师将水箱龙头关小，把小雅抱到离冲水远一点的位置蹲下，小雅顺利拉完大便。连续一段时间，老师们轮流陪小雅上厕所，并指导她观察、了解，水箱装满水会自动冲水、清洁厕所。小雅渐渐适应了幼儿园的厕所，笑容回到了她的脸上。

问题：请分析上述材料中教师的适宜行为。（20分）

【答案要点】

《纲要》指出"教师应成为幼儿学习活动的支持者、合作者、引导者。"材料中教师的行为贯彻了《纲要》对教师角色的要求，具体体现在以下几方面：

（1）以关怀、接纳、尊重的态度和幼儿交往，及时关注到幼儿的特殊需要。材料中，以观察为依据，当发现小雅的异常行为时，老师亲切地与她沟通，帮助她舒缓情绪，从而发现了小雅"要大便"的需求。在小雅"大便"后，教师仍持续关注其行为和情感的反应，体现了教师对幼儿的关爱。

（2）重视家庭的作用，与家庭密切配合，促进幼儿的健康发展。家庭是幼儿园重要的合作伙伴，材料中，王老师在离园时，主动与小雅的妈妈约谈，将小雅在园的表现明确告知，从而得知了小雅存在的困难，体现出王老师主动沟通，积极解决问题的意识。

（3）关注幼儿在活动中的表现与反应，敏锐地觉察他们的情绪，以适当的方式加以疏导。材料中小雅对"自动冲厕水箱的冲水声"产生了恐惧情绪，老师在觉察到这种情绪后，用轻柔的语气与小雅交流的同时，将其抱到远离冲水箱的位置蹲下，缓解了小雅的恐惧情绪。之后的一段时间，轮流陪伴小雅上厕所，并帮助其了解水箱的冲水原理，最终帮助小雅适应了幼儿园的厕所。这体现出教师敏锐的观察能力和对幼儿细致入微的照顾。

总体而言，材料中的老师能及时关注幼儿的需要，并为其创设安全、愉快、宽松的环境，让孩子在幼儿园生活中感到了温暖与包容，进一步促进了幼儿适应能力的发展。

2018年上半年真题

12. 简述幼儿园教师的工作职责。（15分）（简答题）

【答题要点】

幼儿园教师对本班工作全面负责，其主要职责如下：

（1）观察了解幼儿，依据《幼儿园教育指导纲要（试行）》和《3—6岁儿童学习与发展指南》，结合本班幼儿的发展水平和兴趣需要，制订和执行教育工作计划，合理安排幼儿一日生活。

（2）创设良好的教育环境，合理组织教育内容，提供丰富的玩具和游戏材料，开展适宜的教育活动。

（3）严格执行幼儿园安全、卫生保健制度，指导并配合保育员管理本班幼儿生活，做好卫生保健工作。

（4）与家长保持经常联系，了解幼儿家庭的教育环境，商讨符合幼儿年龄特点的教育措施，相互配合共同完成教育任务。

（5）参加业务学习和保育、教育研究活动。

（6）定期总结评估保教工作实效，接受园长的指导和检查。

项目二

2

有"序"——班级常规管理

学 习 目 标

知识目标：

☐ 明确班级常规管理的概念。

☐ 了解班级常规管理的意义与价值。

☐ 熟悉班级常规管理的具体内容。

☐ 掌握班级常规管理的流程及具体要求。

能力目标：

☐ 能按要求进行班级一日生活常规管理。

☐ 能按要求进行班级卫生保健常规管理。

素质目标：

☐ 严、爱结合，使幼儿能够在温暖与爱中自觉接受常规管理。

☐ 懂得放手，引导幼儿自主认错、纠错，增强规则意识。

☐ 开展卫生保健工作要严格按规范进行，重视每个环节，不偷懒、不敷衍。

☐ 有全局意识。既关注全体幼儿，又重点关注特殊儿童的常规养成，在理解接纳
的基础上帮助、指导其学会遵守常规。

知 识 框 架

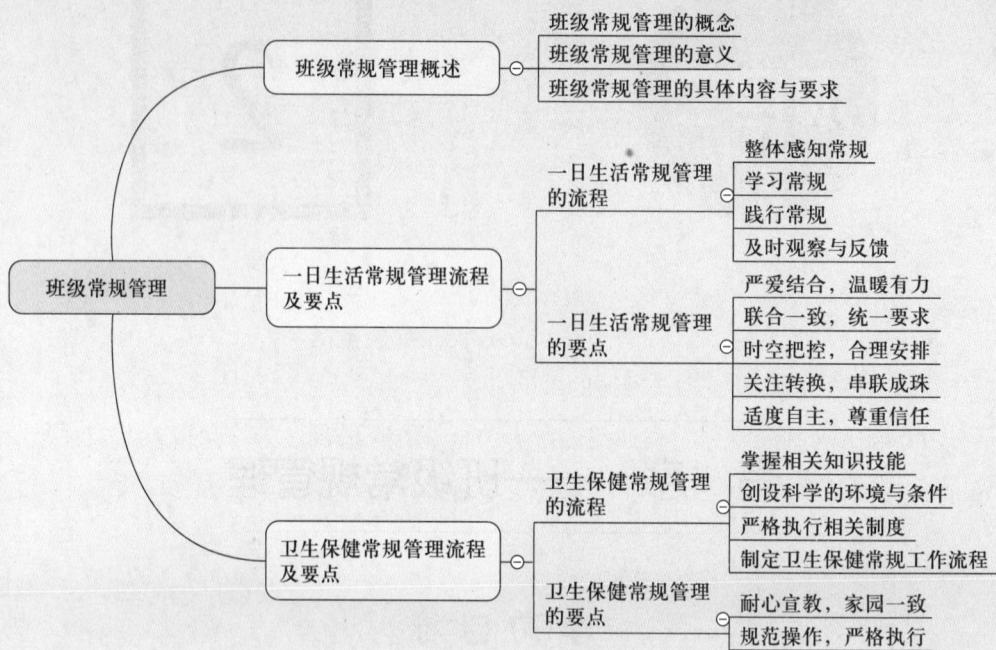

班级常规管理
- 班级常规管理概述
  - 班级常规管理的概念
  - 班级常规管理的意义
  - 班级常规管理的具体内容与要求
- 一日生活常规管理流程及要点
  - 一日生活常规管理的流程
    - 整体感知常规
    - 学习常规
    - 践行常规
    - 及时观察与反馈
  - 一日生活常规管理的要点
    - 严爱结合，温暖有力
    - 联合一致，统一要求
    - 时空把控，合理安排
    - 关注转换，串联成珠
    - 适度自主，尊重信任
- 卫生保健常规管理流程及要点
  - 卫生保健常规管理的流程
    - 掌握相关知识技能
    - 创设科学的环境与条件
    - 严格执行相关制度
    - 制定卫生保健常规工作流程
  - 卫生保健常规管理的要点
    - 耐心宣教，家园一致
    - 规范操作，严格执行

任务一 班级常规管理概述

一、班级常规管理的概念

常规，顾名思义是指日常的规则，是人类在社会生活和实践中逐步形成的、行之有效的，在通常情况下必须遵循的规则。

幼儿园班级常规管理是指在"一日生活皆课程"的理念和原则指引下，研究如何在以班级为单位的集体环境中，帮助和引导幼儿、保教人员建立一定规则，并不断地优化，努力保障幼儿在园的一日生活及各类活动的顺利开展。

幼儿园班级常规主要包含两个部分。

一是幼儿的一日生活常规，是指幼儿一日生活各个环节的安排顺序，以及要求保教人员和幼儿在各个环节中必须遵守的行为准则，主要包括来园、晨间活动、进餐、盥洗、集体教学、游戏活动、喝水、如厕、午睡、散步、离园等环节，是教师为了管理好一个班级而制定的一些规则。所以，一日生活常规是否能有效建立，将直接影响到各项保教活动的安全、有序开展，是幼儿良好习惯养成的重要前提，更是幼儿从家庭迈向社会的重要桥梁，直接影响到幼儿的健康成长。

二是主要针对保教人员的卫生保健常规，主要包括制度建设常规、卫生消毒常规、健康检查常规、生活管理常规、疾病防治常规、安全工作常规等。它与幼儿平安、健康的生活息息相关。

二、班级常规管理的意义

《纲要》在"科学、合理的安排和组织一日生活"中明确指出：幼儿园班级"要建立良好的常规，避免不必要的管理行为，逐步引导幼儿学习自我管理。"这段话有两方面的含义：一方面，说明建立常规之后，幼儿会形成良好的行为规范，可以自动化地按常规做事，或者进行自我约束和管理，不再需要老师特别的管理行为；另一方面，说明这种常规管理既是维持班集体正常保教工作秩序的需要，也是教育幼儿、引导幼儿学会遵守规则，形成良好习惯，提高保教质量的一种手段。可见，幼儿园班级一日生活常规的有效管理非常重要，它是幼儿教育的重要组成部分，是有序开展各种活动的基础。

　　科学合理的班级常规管理，对于幼儿的成长有着十分积极的意义。

　　首先，有助于保教活动的有序开展。常规能帮助教师更好地维持活动秩序。如果缺乏常规，保教人员之间的合作也就无从下手，在组织各环节活动中无所适从，无法维持正常的保教秩序，从而影响活动的质量，无法实现一日活动的目标。良好的常规可以促进教师、幼儿等人在互动中和谐协调，有利于营造安宁、有序、温馨的生活氛围。班级常规的形成，能让每个人都明确什么时间做什么，应该怎样做，保教老师之间、师生之间应该怎样分工合作、相互配合，这样能形成一定的秩序感，也能帮助师生快速适应环境，进行有效互动，每个人都能在集体中有序、有质量地共同生活，从而也能促进各项活动的顺利开展，保证一日生活的质量，同时，在日复一日的优化中不断促进师生的共同成长。良好常规的养成，也可以让孩子们遵守约定，习惯成自然，从而不需要老师反复叮嘱。所以，相应地也会节约很多时间。同时，在这种有秩序的生活中，孩子们更有安全感，各项活动开展得更顺利，能很大程度上提高班级管理效率，也有利于幼儿的全面发展教育。

　　其次，培养幼儿遵守常规，可将知和行统一起来，巩固和提高教育效果。良好的行为习惯不能仅仅是"头脑当中的懂得"，还需要真正做出来，而常规培养是知与行统一的有效途径。

　　第三，持之以恒的常规培养和训练，有利于形成良好的行为习惯，使幼儿建立动力定型，轻松地进行各项活动。动力定型，是指人长期生活、劳动或反复重演某种活动，逐渐在大脑皮质高级神经系统中建立的巩固、稳定的条件反射活动模式。外在的表现便是一系列的比较固定的习惯性动作。人的各种活动均能建立动力定型，如行走姿势、步法特征、书写动作和用语习惯，以及言谈举止、面部表情等均具有各自的动力定型。形成动力定型后，每一活动都会按已形成的动作模式自动再现，让人感觉轻松愉快又富有节奏感。持之以恒的常规训练对形成动力定型非常有效。

　　第四，培养幼儿学会遵守常规，也是为长大后能做到遵纪守法打下基础。常规教育可以帮助幼儿学会遵守集体生活规则，从服从别人管理发展到自我管理，为将来在社会中生存，成为遵纪守法的合格公民做准备。

　　建立常规的过程即教育的过程。日常活动中的常规是德育与实践相结合的产物，对儿童良好生活习惯的养成、良好情绪的激发以及社会性的发展、自律能力的培养都有着重要影响。如果班级无常规，完全放任幼儿自由发展，幼儿往往会无所适从，不知道该做什么、该怎样做，无法形成良好的习惯。

三、班级常规管理的具体内容与要求

　　班级常规管理主要包含一日生活常规和卫生保健常规。每个部分都有一些详细的操作规范，教师需要将这些规范明了于心，协调好班组成员间的关系，分工合作，共同做好班级常规管理。

（一）幼儿园一日活动安排表

下面是某幼儿园的一日活动安排表（表2-1）。

表2-1 幼儿园一日活动安排表

时间	幼儿活动	备注
7:30—8:00	幼儿入园、晨检、晨练	
8:00—8:50	早餐、餐后自选活动	
8:50—9:00	盥洗、如厕	
9:00—9:30	集体教学	
9:30—10:00	课间操	
10:00—11:15	室内、户外游戏	1.此表主要针对日托幼儿
11:15—11:30	盥洗、餐前准备	2.各幼儿园可根据各年龄段幼儿的身心特点、本园实际以及季节特征作出相应的、科学合理的调整
11:30—12:20	中餐、散步	
12:20—14:30	如厕、午检、午睡	
14:30—15:15	起床、盥洗、喝水、午点	
15:15—16:45	室内、户外游戏	
16:45—17:30	盥洗、如厕、晚餐	
17:30—18:00	离园	

（二）幼儿园一日生活常规管理具体内容与要求

幼儿园一日生活常规管理比较繁琐，可以按不同的活动内容，用表格的形式来展示（表2-2）。

表2-2 幼儿园一日生活常规管理的具体内容与要求

活动内容	幼儿行为要求	教师工作要求	保育员工作要求
来园与晨间活动	1. 衣着整洁，愉快来园，接受晨检，持健康卡进班 2. 有礼貌地主动向老师、同伴问好，和家长再见	1. 在幼儿来园之前，更换好当班服装，妥善放置手机和私人物品，确保不在当班时接听电话 2. 翻阅活动计划，全面了解当日活动安排，检查当日活动环境和材料是否已经准备好，并摆放到相应的位置	1. 同教师工作要求 2. 做好室内外卫生、物品整理工作。开窗通气，清扫地面，消毒桌面、杯具、毛巾等，保证生活环境的清洁、整齐

活动内容	幼儿行为要求	教师工作要求	保育员工作要求
来园与晨间活动	3. 进班后将脱下的衣帽、背包等放在固定的地方，双手轻拿轻放小椅子 4. 乐意参加晨间锻炼，动作协调到位 5. 能根据兴趣选择区角活动，遵守活动规则 6. 能主动参与值日生工作，为班级服务 7. 乘坐园车时，不喧哗，不拥挤，学会自我保护	3. 做好交接班工作，向配班教师沟通当日活动内容及需要配合事项，调整自己情绪，以良好的情绪及心态与同事互动 4. 准备区角活动材料，播放轻松的音乐，营造温馨快乐的氛围 5. 热情接待幼儿来园，面带微笑向幼儿及家长问好，蹲下来和幼儿亲密接触，稳定其情绪 6. 认真进行晨检工作，指导幼儿放置所带衣物。主动询问家长，了解幼儿在家情况，对家长嘱托的特殊事情做必要的记录，并让同班老师也了解，引导幼儿与家长道别，愉快分离 7. 组织幼儿晨间活动或体格锻炼（有基本动作练习，器械操练习和游戏），保证活动时间和运动量（托小班5～10分钟，中大班10～15分钟）	3. 了解教师半日活动的主要内容，掌握交接班情况，配合教师做好各项活动的准备工作 4. 协助教师进行晨检，主动问候幼儿及家长。帮助幼儿摆放好自带物品，做好个别幼儿的情绪安抚工作 5. 接送乘车幼儿进班，及时清点人数，交接幼儿情况。包括：应到、实到人数、未到人数及原因，幼儿带药情况，需注意的问题等 6. 及时与未来园孩子的家长取得联系，问清情况
盥洗、喝水及如厕	1. 学会正确的盥洗方法，会有顺序地打抹肥皂，用七步洗手法洗净小手，不玩水、不打闹 2. 逐步养成饭前、便后和手脏时洗手的卫生习惯 3. 学会正确的刷牙及漱口方法，将牙齿的里面外面、咬合面都刷洗干净，能坚持每天早晚刷牙，食后漱口 4. 会正确使用手纸（一般大便是四格，小便两格）	1. 组织并指导幼儿正确盥洗，提醒幼儿卷袖，用肥皂搓手，用毛巾有顺序地洗脸 2. 检查幼儿盥洗效果，发现异常情况，及时指导保育员处理（冬季洗手、洗脸后要让幼儿擦面霜） 3. 了解幼儿大、小便习惯，允许幼儿根据自己的需要如厕，及时检查大、小便后使用手纸情况，养成有规律定时大便的习惯。指导幼儿整理衣裤 4. 引导幼儿注意盥洗和如厕安全，防止拥挤摔伤	1. 为幼儿做好盥洗前的准备工作。如毛巾、口杯、热水、牙膏等 2. 指导幼儿正确盥洗。提醒幼儿不打湿衣服，搓手时关小水龙头等。帮助个别幼儿、督促每个幼儿盥洗干净 3. 掌握幼儿大小便情况。照顾幼儿如厕，指导幼儿正确使用手纸并擦干净。督促幼儿便后及时冲水，整理衣裤。认真处理幼儿大小便异常情况，积极查找原因，帮助幼儿克服障碍，学会大小便自理

活动内容	幼儿行为要求	教师工作要求	保育员工作要求
盥洗、喝水及如厕	5. 按需喝水，认准自己茶杯，轻拿轻放、不咬不碰、不弄湿衣服，保持水杯干净	5. 随机进行相关的生活常识、生存技能教育。重视实际操作和个别指导，使幼儿在真实的情境中学会生活，提高自理能力 6. 上、下午组织幼儿喝水四次以上，并注意科学分流，减少等待时间	4. 按要求做好毛巾、口杯、水龙头、门把手等卫生消毒工作和记录，及时做好厕所、盥洗室的清洁卫生，保持干净无味 5. 根据温度备好适宜的开水，及时督促幼儿按时、按需喝水，并检查学号、帮助整理水杯
进餐	1. 学习值日生工作，有秩序地分发餐具和食物。感受为同伴服务的快乐 2. 愿意自己独立用餐，集中精力细嚼慢咽，吃完自己的一份饭菜（不偏食，不剩饭菜），尽量保持桌面、地面及衣服的干净 3. 进餐后能分类收拾餐具，清理桌面，正确使用餐巾，饭后主动喝水漱口，养成良好的用餐习惯 4. 餐后能自选玩具，在指定范围内安静游戏，并遵守游戏规则	1. 组织好餐前活动，以讲故事、音乐欣赏及各类安静的桌面游戏为宜。向幼儿介绍每餐菜肴，激发食欲。使幼儿初步了解食物合理搭配、营养用餐的方法 2. 培养幼儿良好的饮食习惯，细嚼慢咽，不高声喧哗，不偏食，注意坐姿。随时满足幼儿进餐需要，注意照顾体弱、生病的幼儿，控制肥胖幼儿的食量，掌握进餐时间（约30分钟），不过分催促，不处理问题 3. 指导幼儿做好餐后整理。如饭后漱口、擦嘴，及时收拾餐具，清洁桌面等。安排轻松安静的活动。并按要求收拾餐具、清理场地 4. 了解幼儿特殊的用餐需求，提醒幼儿园相关同事提供特殊餐品（如食物过敏等） 5. 饭后组织散步，促进消化，确保健康	1. 做好餐前准备。用热水擦餐桌，指导值日生分发餐具等 2. 掌握幼儿进食量，随时添饭，不催食。适当给吃得慢、体弱的幼儿喂饭，鼓励幼儿快乐进餐，保证每个幼儿吃饱 3. 负责餐后卫生清洁工作。及时收拾餐具、餐桌，清理桌面、地面，做好卫生消毒工作等 4. 提醒幼儿餐后漱口，给有特殊需要的幼儿饭后服药。注意查对幼儿姓名、药名、剂量等，保证安全无误
教学活动	1. 喜欢参加教学活动。活动中注意力集中，能积极思考，大胆想象，愿意表达自己的愿望	1. 尊重、理解幼儿好奇、好问、好动的天性。选择既贴近幼儿生活实际，又具有一定挑战性，能拓展幼儿视野和丰富幼儿生活经验的教学内容，以游戏的方式开展丰富多彩的教学活动，严禁小学化倾向	1. 协助教师做好活动前的准备工作，如教学活动所需的场地、教具、玩具材料等

续表

活动内容	幼儿行为要求	教师工作要求	保育员工作要求
教学活动	2. 养成良好的学习习惯。学会倾听、等待，遵守活动规则，坚持完成活动任务。阅读、握笔姿势正确，坐姿自然端正 3. 逐步树立合作意识，愿意和同伴一起商量解决活动中遇到的问题，共同完成学习任务	2. 做好充分的教学准备。包括计划安排、场地选择、材料准备等。预先猜测幼儿可能的反应（如对教师问题给出的答案、向教师提出的问题），给自己准备几种不同的回应方法。创设和教学相适应的物质和人文环境，促使幼儿在与操作材料和环境的互动中获得多方面经验 3. 选择集体、小组、个别活动相结合的教学组织形式，关注幼儿个体差异，充分体现教学的层次和学习梯度。及时反馈、调整教学行为，使之适宜、有效，努力使每个幼儿都有获得满足和成功的机会。集体活动时，视线关注全体幼儿，接收来自幼儿的反馈，尽可能给每个幼儿表现、表达的机会，并注意倾听幼儿的表述，必要时重复某些幼儿的表达，引起其他幼儿的注意，引导他们向同伴学习 4. 注重活动过程中幼儿的情感体验和习惯养成。充分赏识、肯定幼儿的自主活动，鼓励幼儿大胆探索、自主表现，使幼儿在支持性的学习氛围中，自信地参加活动	2. 配合教师开展教学活动，做好个别指导和个别教育工作。鼓励胆怯、能力弱的幼儿大胆表达自己的愿望，努力完成活动任务。及时肯定和赏识幼儿，督促幼儿遵守活动规则和常规 3. 协助教师展示幼儿作品，指导幼儿收拾整理学习用品
午睡	1. 整理好用具，洗漱干净，如厕后安静进入寝室 2. 在老师的指导或帮助下，自己有顺序地穿脱衣服、鞋袜，摆放整齐 3. 学习自己整理被褥，养成良好的睡眠习惯，睡姿正确。不喧哗，不玩物品。安静入睡	1. 睡前提醒幼儿小便，组织幼儿安静入寝，进行午检，注意幼儿身体、情绪状况，要求幼儿不带异物上床。引导幼儿欣赏睡前故事或音乐，允许个别幼儿在一定阶段抱着依恋物入睡 2. 指导或帮助幼儿铺好床被，有顺序穿脱、折叠衣服，整齐摆放在指定位置上 3. 巡回检查幼儿睡眠情况，纠正不良睡姿，安慰入睡困难、情绪不稳定的幼儿。提醒幼儿不玩弄小物件、不蒙口鼻等，并给予必要的照顾 4. 做好交接班工作，交代幼儿人数、身体状况、活动表现等，整理好用具	1. 做好睡前准备工作，入睡前半小时调节好室内温度，放下窗帘，为托小班幼儿铺好被子 2. 协助午检，发现幼儿异常情况及时处理。帮助幼儿穿脱衣服，整理床铺 3. 经常检查、巡视幼儿睡眠情况，轻言细语陪护幼儿，给予适宜的关爱，杜绝安全事故发生，允许幼儿按需如厕，创设安静整洁的睡眠环境

活动内容	幼儿行为要求	教师工作要求	保育员工作要求
转换环节	1. 能在教师指导下分工合作，积极参与，迅速做好下个环节的准备再解散，避免一片混乱中出现安全事故 2. 班额大的幼儿，能遵循班级规定，分头行动或按序排队，如男女生分先后去如厕等，既确保安全，又养成文明有序的习惯，还能提高转换环节的效率	1. 高度重视此环节的价值意义，随机对幼儿参与活动情况做总结与教育，鼓励幼儿人人参与，相互配合，热情奉献。总结高效的工作方法，不断改进工作 2. 事先与配班老师通气，对幼儿提前预令并指令明确，全面观察指导，确保安全有序 3. 控制好时间，衔接紧凑，分工合作，彼此兼容，灵活安排，减少不必要的资源浪费与无效等待	1. 参与幼儿行动，督促并指导有困难的幼儿快速完成任务 2. 及时为教师补台，心中有计划和安排，确保此环节有序、高效、安全，快速为下一个活动做好准备
离园活动	1. 收拾好玩具、桌椅，整理自带背包、衣物，做好回家准备 2. 能主动使用礼貌用语问候家长，向老师、同伴道别，高兴地离园 3. 有良好的任务意识，能清楚地表达幼儿园老师的要求，愿意和家长分享在园的快乐	1. 提供活动场地和材料，供幼儿自主选择，开展离园前活动 2. 督促幼儿检查自带物品，帮助整理幼儿仪表仪容，让幼儿干净、整洁、情绪愉快地安全离园 3. 与幼儿进行简短的谈话交流，稳定幼儿情绪，总结、分享当天活动中的快乐并预告明天活动，交代回家准备事项 4. 热情接待家长，及时回复家长嘱咐事宜，随机礼貌而简短地和家长交流幼儿在园情况，避免疏忽对其他幼儿的监护。主动与每位幼儿道别，提醒他们带好个人物品 5. 幼儿全部离园后，认真填写交接班本，收拾整理活动室，对缺勤幼儿进行电话回访，及时了解情况，处理到位 6. 准备第二天要用的教学材料	1. 帮助幼儿整理自带物品，查核有无遗漏。做好幼儿离园护理，保证幼儿仪容仪表干净整洁 2. 协助接待家长，照顾安抚留园幼儿 3. 做好室内外环境的清洁整理工作。检查水、电、门、窗的安全，做好第二天上班准备

视频：教师一日生活管理工作的要求

（三）卫生保健常规管理具体内容与要求

1. 儿童膳食

配合保健室做好幼儿膳食工作。每学期定期统计班级过敏幼儿信息并上报保健室，以便做好过敏幼儿的食物准备工作。开餐时注意分餐安全，做到冬保暖、夏散热。先盛汤、摆汤碗，再请幼儿分批上桌。掌握幼儿进食情况，鼓励幼儿细嚼慢咽，吃饱吃好，随时添加，不暴饮暴食。提醒幼儿保持桌面及地面卫生。指导幼儿餐后用餐巾擦嘴，用温开水漱口。

保证儿童按需饮水。每日上、下午各1～2次集中饮水，1～3岁幼儿饮水量50～100毫升/次，3～6岁幼儿饮水量100～150毫升/次，并根据季节变化酌情调整饮水量。

2. 体格锻炼

保证幼儿室内外运动场地和运动器械的清洁、卫生、安全，做好场地布置和运动器械准备。定期进行室内外安全隐患排查。

全面了解幼儿健康状况。患病幼儿要停止锻炼；病愈但仍处恢复期的幼儿和体弱幼儿，锻炼强度不能太大，时间缩短。

利用日光、空气、水和器械，有计划地组织幼儿进行体格锻炼。做好运动前的准备工作。运动中注意观察幼儿面色、精神状态、呼吸、出汗量和儿童对锻炼的反应。若有不良反应，要及时采取措施或停止锻炼；加强运动中的保护，避免运动伤害。运动后注意观察幼儿的精神、食欲、睡眠等状况。

3. 健康检查

（1）入园健康检查

幼儿入园前在就近的卫生服务中心进行健康检查，合格后方可入园。

幼儿入园体检中发现为疑似传染病者，应当"暂缓入园"，及时确诊治疗。

（2）定期健康检查

3岁以上幼儿每年健康检查1次。所有幼儿每年进行1次血红蛋白或血常规检测。4岁以上幼儿每年检查1次视力。体检后应当及时向家长反馈健康检查结果。

幼儿离开幼儿园3个月以上，需重新按照入园检查项目进行健康检查。

转园幼儿持原幼儿园提供的"儿童转园（所）健康证明""0—6岁儿童保健手册"可直接转园。"儿童转园（所）健康证明"有效期3个月。

（3）晨午检及全日健康观察

做好每日晨间或午间入园检查。检查内容包括，询问幼儿在家有无异常，观察身体和精神状态、有无发热和皮肤异常，检查有无携带不安全物品等，发现问题及时处理。教师每天根据晨检情况给幼儿发放红、黄、绿三种颜色的晨检牌，幼儿凭晨检牌进班。持绿色晨检牌的都是身心状态正常孩子，持黄色晨检牌的为情绪不稳定或有生病征兆等需要教师在一日生活中注意观察的孩子，持红色晨检牌的为身体已经出现发热和皮肤异常等情况、需要教师特别护理的孩子。持红色晨检牌的孩子需要登记在全日观察本上，教师要随时观察并做出妥善的处理，在交接班时也必须重点交接，确保接班教师掌握幼儿的详细情况，继续做好观察和护理工作。

教师应对幼儿进行全日健康观察，内容包括饮食、睡眠、大小便、精神状况、情绪、行为等，并做好观察及处理记录。

患病幼儿应离园休息治疗。如果接受家长委托喂药时，家长只能带孩子当天的用药剂量，与班级老师做好药品交接和登记，并请家长签字确认。幼儿园禁止喂服处方药（如头孢菌素类、阿莫西林、阿奇霉素等抗生素类药物）。如果确因病情需要，请家长带上医院病历、电子处方来保健室报备，处方粘贴于服药记录本留档。

4. 卫生与消毒

（1）环境卫生

幼儿园应为儿童提供整洁、安全、舒适的环境。建立室内外环境卫生清扫和检查制度，每周由保健室和保育组长一起全面检查1次并记录。

室内应当有防蚊、蝇、鼠、虫及防暑和防寒设备，并放置在儿童接触不到的地方。集中消毒应在儿童离园后进行。

保持室内空气清新、阳光充足。采取湿式清扫方式清洁地面。厕所做到清洁通风、无异味，每日定时打扫，保持地面干燥。便器每次用后及时清洗干净。

卫生洁具各班专用、专放并有标记。抹布用后及时清洗干净，晾晒、干燥后存放；拖布清洗后应晾晒或干后存放。

枕席、凉席每日用温水擦拭，被褥每月曝晒1～2次，床上用品每月清洗1～2次。

保持玩具、图书表面清洁卫生，每周至少进行1次玩具清洗，每2周图书翻晒1次。

（2）个人卫生

幼儿日常生活用品专人专用，保持清洁。要求每人每日1巾1杯专用，每人1床1被专用。

培养幼儿良好卫生习惯。饭前便后应用肥皂和流动水洗手，早晚洗脸、刷牙，饭后漱口，做到勤洗头，勤洗澡，勤换衣，勤剪指（趾）甲，保持服装整洁。

工作人员应当保持仪表整洁，注意个人卫生。饭前便后和护理幼儿前应用肥皂和流动水洗手；上班时不戴戒指，不留长指甲；不在园内吸烟。

（3）预防性消毒

教、寝室应经常开窗通风，保持室内空气清新。每日至少开窗通风2次，每次至少10～15分钟。在不适宜开窗通风时，每日应当对室内空气消毒2次。

餐桌应在每餐使用前消毒。水杯每日清洗消毒，尤其对于盛装过豆浆、牛奶等易附着于杯壁的饮品的杯子，应当及时清洗消毒。反复使用的餐巾，每次使用后消毒。擦手毛巾每日消毒1次。

门把手、水龙头、床围栏等儿童易触摸的物体表面每日消毒1次。

使用符合国家标准或规定的消毒器械和消毒剂。环境和物品的预防性消毒方法应当符合要求。

5. 传染病预防与控制

督促家长按免疫程序和要求完成幼儿预防接种。配合疾病预防控制机构做好托幼机构儿童常规接种、群体性接种或应急接种工作。

班级老师每日登记本班幼儿的出勤情况。对因病缺勤的幼儿，应了解其患病情况和可能的原因；对疑似患传染病的，要及时报告给园（所）疫情报告人。园（所）疫情报告人接到报告后，应及时追查幼儿患病情况和可能病因，以做到对传染病病人的早发现。

发现疑似传染病例，做好个人防护后，立即带到隔离室。

配合当地疾病预防控制机构对被传染病病原体污染（或可疑污染）的物品和环境实施随时性消毒与终末消毒。

传染病流行期间，应加强晨午检和全日健康观察，并采取必要的预防措施，保护易感幼儿。

患传染病的幼儿隔离期满后，凭医疗卫生机构（所在社区卫生服务中心）出具的痊愈证明方可返回园内。根据需要，来自疫区或有传染病接触史的幼儿，检疫期过后方可入园。

6. 常见病预防与管理

积极转发幼儿园保健部门提供的健康教育普及卫生知识，培养幼儿良好的卫生习惯；提供合理平衡膳食；加强体格锻炼，增强幼儿体质，提高对疾病的抵抗能力。

定期开展幼儿眼、耳、口腔保健，发现视力异常、听力异常、龋齿等问题时要进行登记管理，督促家长及时带患病幼儿到医疗卫生机构进行诊断及矫治。

配合保健室，对贫血、营养不良、肥胖等营养性疾病幼儿进行登记管理，对中重度贫血和营养不良幼儿进行专案管理。

对患有先心病、哮喘、癫痫等疾病的幼儿，及有药物过敏史或食物过敏史的幼儿，进行登记，加强日常健康观察和保育护理工作。

重视幼儿心理行为保健，开展幼儿心理卫生知识的宣传教育。发现有心理行为问题的儿童，及时告知家长到医疗卫生机构进行诊疗。

7. 意外伤害预防

保育老师应当定期接受预防幼儿意外伤害相关知识和急救技能的培训，做好幼儿安全工作，消除安全隐患，预防跌落、溺水、交通事故、烧（烫）伤、中毒、动物致伤等伤害的发生。

8. 健康教育

配合幼儿园做好龋齿预防、眼睛保健，以及根据不同季节的疾病流行趋势等相关的健康教育工作，如春季传染病疫情防控、流感预防等。

9. 信息收集

及时收集幼儿的《儿童保健手册》《预防接种查验证明》等。

及时做好班级各类登记本的记录工作，内容包括：《出勤登记表》《晨午检及全日健康观察》《卫生消毒登记表》《因病缺勤幼儿追踪登记本》等。

工作记录和健康档案应当真实、完整、字迹清晰。工作记录应当及时归档，至少保存3年。

案例分析

本节共呈现两个案例，分别展现一日生活常规管理、卫生保健常规管理是如何进行的。

案例2-1　一日生活常规管理——幼儿园的一天

班级基本信息：大班，38名幼儿（男孩20名，女孩18名）

这是九月份的一天，主班陈老师早晨7点半准时来到幼儿园，她首先开窗通风，到教室和睡眠室检查了一下，看到没有什么异样，就简单整理了教室门口的小桌子，对所有物品做了简单擦拭，整理好当天需要用的教具和学具等，等待小朋友们来园。

首先来到教室的是今天担当值日生的天天。天天妈妈早早地送天天来园，陈老师热情地与天天互相问早，天天放好书包，用盐开水漱口后，就到自然角给植物浇水去了。天天妈妈见教室没其他人，就主动与陈老师聊起天天的近况。这时，陆陆续续又来了三四位小值日生，她们的家长见陈老师在与天天妈妈说话，只匆匆打个招呼就走了。孩子们每人拿了一块抹布，这里擦一下，那里抹两下，不一会儿，三四个小朋友就拿着抹布在教室里追跑打闹起来。陈老师一边继续和天天妈妈聊着，一边提醒孩子们不要跑了，可是幼儿停了停后，又继续嬉闹起来。不一会儿，只听到冬冬大叫起来："老师，他抢我的抹布……"陈老师马上与天天妈妈说："抱歉，我需要组织孩子们的晨间活动了。咱们再约时间沟通或者您给我微信留言，好吗？"天天妈妈说："好的，好的。"随即离开了。陈老师马上制止了孩子们的打闹，带领他们分工合作，开始值日生工作。这时，其他小朋友也陆续到来，陈老师与他们一一问好，指导他们放好书包等个人物品，用盐水漱口，请配班席老师继续带领值日生工作和做好早餐开饭准备，自己组织孩子们开始了晨间锻炼活动……

晨练结束后，要开早餐了，陈老师让孩子们去做"三件事"（喝水、洗手、如厕），并随幼儿一同到盥洗室。只见盥洗室里有的孩子有序地在水龙头前排起队，一个个自己卷起袖子，对着墙上贴的七步洗手法开始洗手；有的拿起盐水杯晨间漱口喝水，有的在排队如厕，陈老师见比较有序就离开了，去协助配班席老师一起为孩子们分发早餐。这时，一阵阵叫声相继传来："老师，东东玩水，老不让开……""老师，庆庆把水甩到我头上了……""老师，苗苗看我的屁股……""老师，冰冰没漱口喝水就走了……"。还有，提前完成"三件事"的幼儿满教室乱窜，整个盥洗室、厕所、教室开始混乱起来……陈老师立即走进去，表扬了按要求完成"三件事"和立即上餐位吃饭的孩子，然后非常严肃地提醒其他孩子抓紧时间完成。

一上午，陈老师带领孩子们开展了丰富的绘本阅读教学、户外游戏、室内区域自选游戏。然后孩子们迎来了美好的午餐时间。今天中午吃的是花菜炒肉、猪脚炖黄豆、清炒三丝，好看又好吃，孩子们特别高兴。陈老师播放了美妙的轻音乐，和配班席老师先给孩子们分发了有营养的汤，摆好后孩子们再有序地上餐位。老师们鼓励孩子们将勺子放在桌子上的汤碗里，椅子插入到桌子底下，自己来拿饭。孩子们吃得真香啊！这不，冬冬、旺旺很快就吃完了，按照先前老师规定的"路线"有序地到开餐台取饭和上餐位，教室里非常安静。这时，平时吃得很慢的豆豆也喝完汤了。他最爱吃花菜炒肉，老师给他盛了一大碗。豆豆高兴极了，迫不及待地端着饭边舔边回餐位，突然"哐当"一声，只见豆豆的饭倒了一身、撒了一地。他随即吓得"哇"的一声大哭起来。原来，是放放起身添饭，也是边走边舔碗里还没吃完的饭，两人都没抬头看路，忘了约定的线路，撞一块了……

午餐散步后，下午班王老师来接孩子们午睡了。她早早地把寝室窗帘放下，调好室温，播放轻音乐，组织孩子们在寝室门口排队，等大家都安静了轻声提好要求。只见孩子们分男孩女孩轻轻如厕，之后取下头饰等物品放在篮子里，王老师也逐一进行了口腔检查等午检工作，孩子们按照平时的练习，先打开被子，脱上衣，再脱裤子坐在床边，把所有衣物放在一起整齐地压在床尾。大部分幼儿都躺下后，王老师播放了小故事，让孩子们听着故事早早入睡。值上午班的陈老师说可可上午有点呕了，王老师巡视后，特意坐在她床边轻轻摸摸她。过了一会儿，一个声音响起："老师，我要尿尿！"随即，又出现几个声音："老师，我也想尿尿了……"王老师说："你们不是刚才都尿了吗？"东东说："我现在又想尿了。"冰冰说："开始没想尿，现在想尿了。"寝室里一阵小喧嚣，王老师允许孩子们去上厕所，还特意表扬了入睡快的孩子，寝室里又安静下来。

下午，用过点心后，王老师组织孩子们就今天就餐、午睡、盥洗、如厕的情况进行了集体谈话，通过播放照片，引导孩子们找亮点、找问题，找解决问题的办法，希望在反复地学习、体验、反思、改进中，班级的一日生活常规会越来越好。

经过一下午的游戏、餐点，很快就要离园了，王老师一如既往地组织全体幼儿看动画片，配班席老师在盥洗室做卫生整理，王老师逐一检查孩子们的衣物并帮助幼儿擦好护肤霜后，终于迎来了潮水般的家长们。她急忙热情地迎上去。这时，有的孩子看见爸爸妈妈了，兴奋地大叫起来，还有的忍不住离开座位跑到大门边。配班席老师听到声音后，马上也从盥洗室里跑出来，协助组织孩子们有序离园。"旭旭，爸爸来了！"听见王老师的话，旭旭便起身放好椅子，跑到门边。王老师与其爸爸说："旭旭今天中午睡得很好啊！"旭旭爸爸谢过后带孩子离园了。就这样，王老师一个个送走了全班的孩子，正准备歇口气，只见苗苗妈妈气喘吁吁地跑过来："对不起，今天单位开会来晚了。"王老师和配班席老师一下蒙了：苗苗呢？仔细回想后，咦，好像没有印象啊，大家赶紧满教室、厕所找，还是没有啊！苗苗妈妈急得哭了起来，大家又到操场上找，结果苗苗在和逗留在园的其他小朋友一起玩滑梯……

案例思考：

1. 案例中幼儿经历了哪些环节，老师分别做了哪些事情？

2. 你认为案例当中哪些环节的一日生活常规管理需要进一步优化？

案例2-2　卫生保健常规管理——文文爱洗手了

班级基本信息：中班，35名幼儿（男孩17名，女孩18名）

班级卫生保健工作是一项复杂的工程，需要班组成员的通力配合才能共同完成。比如，班里的卫生、消毒工作由保育员杨老师负责，她每天到园后，第一件事就是开窗通风，用拖把和抹布把教室各个角落都进行消毒，接下来就是对幼儿的水杯、毛巾进行消毒。班里的玩教具也会定期消毒。幼儿的床铺、被褥也会定期拿到阳光下曝晒。

教师们则负责幼儿的晨午检、全日健康观察等工作，及时观察幼儿的健康状况，及时发现问题及时处理。

应急情况发生时，保教人员齐上阵，通力配合完成各项工作。

文文爱洗手了

集体学习中，文文又把小手放嘴里了。她特别喜欢"吃"手，随时随地，只要有机会就把手往嘴里塞，还不爱洗手。文文妈妈也向陆老师反映过这个情况，表示很苦恼，而且家里也用了很多方法：什么涂辣椒水，威胁孩子吃手会生病，吃手就惩罚，等等，但效果甚微，全家人都很无奈。陆老师是一个很有经验的老师，她安慰文文妈妈不要着急，一起找方法，帮文文改掉这个坏习惯，没准还能帮助文文学会正确洗手的方法呢。

分区活动时，陆老师特意安排文文进入美工区，还给她备好了混色颜料。进区不到5分钟，文文手上就涂抹了各色颜料，也许是自己意识到手弄脏了，文文握着手不停地搓，还习惯性地往嘴里送，导致嘴唇和脸上也蹭上了颜料，小朋友指着文文的脸笑了。陆老师将文文带到盥洗室镜子前，对她说："文文，你看看镜中的自己是什么样子？好不好看？看看你脏脏的小手，知不知道上面有多少有害的细菌呢？吃到嘴里它就会溜进你的肚子里，会生病、打针哦！你害怕生病打针吗？"文文说"怕"。陆老师又说："那要不要跟老师学学怎样将小手洗得干干净净，香喷喷的呢？"文文说"要"，陆老师又说："那来跟老师一起学，我们一边念儿歌一边洗好不好？"

（陆老师一边讲解一边示范）1.打开水龙头，打湿手；2.抹上点肥皂；3."内"手心搓一搓；4."外"手背搓一搓；5."夹"手指缝缝搓一搓；6."弓"手指关节搓一搓；7."大"拇哥搓一搓；8."立"手指尖尖并拢搓一搓；9."腕"手腕搓一搓；10.打开水龙头，将泡泡清洗干净，在池子里甩三下，甩干水；11.用毛巾擦干小手……"呀！文文，你自己闻闻手，香不香？"文文说："老师、好香哟！"陆老师说："以后，要讲卫生，勤洗手，也不要再吃脏手了好吗？"文文回答："好的。"随即，陆老师又在全班表扬了文文，还拍了视频给妈妈看，鼓励文文回家也练习这个方法。

此后，陆老师和班上其他老师连续跟踪提醒一段时间，发现文文爱上了洗手，吃手的习惯也改善了。

琪琪发烧了

今天是元宵节，陆老师组织孩子们做花灯。孩子们特别高兴，纷纷做好花灯，拿给陆老师看，并请陆老师写上名字。这时，琪琪凑过来："陆老师，看看我做得漂亮吗？"陆老师接过琪琪的花灯正要评价一下，突然发现她小脸红扑扑的，一摸，还真烫手，赶紧喊配班李老师过来。李老师马上用体温枪给她量了额温：37.1℃，好像不太高，看上去精神也还好，可是摸上去却很烫，李老师又用腋温表量了一下：39.0℃，啊！真的是发高烧！李老师立即给琪琪戴上口罩，拿上她的口杯，将其送至幼儿园保健室隔离，一边让其喝水，一边打电话通知琪琪妈妈来园接孩子。幼儿园张医生也一边再次为琪琪测量体温一边指导李老师进行后续处理。不一会儿，琪琪妈妈来了，张医生嘱咐琪琪妈妈："您别担心，先到医院去排查，及时把结果反馈给我们，回家以后，多给孩子喝水，家里开窗通风，注意清淡饮食，退烧后48小时直到没有症状了，拿医院复课证明来园。"琪琪妈妈谢过后离开了。中午，妈妈来电话告知，医院确认是流行性感冒。李老师详细过问关心过琪琪后，马上与保育员杨老师一起对班级所有物体表面、桌椅、地面等用84消毒液进行了消毒，并对教室环境进行了紫外线消毒，又对全班孩子进行了相关教育，提醒大家勤洗手、加强锻炼和保暖，不去人多的地方。晚上下班后，陆老师在班级微信群告知所有家长相关信息。

尊敬的各位家长：今天班级确诊一名患流行性感冒幼儿，班级老师第一时间对物体表面、桌椅、地面用84消毒液进行了消毒，并对教室环境进行了紫外线消毒。流感是由流感病毒感染引起的急性呼吸道传染病，容易在冬、春季暴发，主要通过空气飞沫和接触传播。我们在园会密切关注幼儿健康，如果幼儿在家有任何不适请及时就诊并将情况如实告知老师！在此也分享预防流感的小妙招：1.接种流感疫苗，是最经济、最有效的手段。2.保持良好个人卫生。勤洗手，避免脏手接触口、鼻、眼，咳嗽或打喷嚏时，用纸巾等遮住口鼻。3.开窗通风，保持室内空气流通，流行病高峰期避免去人口密集场所。4.在家密切关注孩子的健康，身体不适请及时就医，并减少接触他人，居家休息。5.加强户外体育锻炼，增强身体抵抗力。

冬冬受伤了

"打起鼓、敲起锣，吹起小喇叭，我们是解放军……"幼儿园广播操预备音乐响了，陆老师急忙带着孩子们排好队准备下楼去操场做操，并反复交代："请小朋友一个接一个扶着栏杆下楼，不推不挤，注意安全！"然后请配班李老师跟后，自己带着队伍下楼了。刚走到一楼半拐角处，只听一阵哭声从二楼传来，随即小朋友叽叽喳喳地叫起来："陆老师，冬冬摔了……"陆老师连忙跑上去，只见冬冬从上至下趴摔在楼梯上，大声嚎叫，陆老师赶紧请配班李老师带其他小朋友依次下楼，自己抱起冬冬仔细查看。呀！下巴出血了，血还流到了脖子上，把衣服也弄脏了。陆老师连忙抱起冬冬就往保健室跑，张医生马上用棉签蘸碘伏擦拭并检查伤口，陆老师一边安抚冬冬情绪一边轻声询问情况。原来是下楼时冬冬没扶栏杆，后面的壮壮不知是未站稳还是别的原因推了他一下，冬冬就直接往下面摔趴了，下巴磕在台阶上。张医生清洗完伤口，发现大概有2厘米左右宽，半厘米深，且不断地往外渗血，她用创可贴为冬冬进行了简单处理并立即决定送医院。陆老师马上联系了冬冬妈妈，确定好去第四人民医院门口碰头，并马上回班带上给冬冬更换的衣服、费用、纸巾等，安排好班级工作后随同张医生护送孩子一同前往。一路上，陆老师为孩子更换了干净衣服，并一直安抚他情绪。到了医院，陆老师立即向冬冬妈妈表达歉意，一边送急诊一边解释了整个过程，同时，尽力照顾冬冬妈妈的情绪。见到医生后，陆老师表态，为孩子做最好和损伤最小的处理，费用幼儿园全部负责。最后，医生为孩子缝了美容针，交代了后续要注意的事项。回到园里，陆老师找到壮壮再次了解原因，原来他不是故意的，是后面有人推他，他没站稳就推了冬冬，孩子吓得哭了起来。陆老师一边安慰壮壮一边对全班小朋友进行了教育，并组织大家拍了问候关心冬冬的视频。晚上下班了，陆老师和班上其他老师带上水果点心一同来到冬冬家看望。

案例思考：

1. 案例中的班级哪些卫生保健常规出现了问题？原因是什么？

2. 试根据案例，分析总结卫生保健常规管理需要注意的问题。

任务二　一日生活常规管理流程及要点

一、一日生活常规管理的流程

一日生活常规管理是班级工作的重心，是促进幼儿全面和谐发展的基本途径。为了切实提高幼儿一日生活质量，教师必须深入贯彻《指南》《纲要》等文件、法规精神，班组成员齐心协力，科学合理地安排一日活动，并在一日生活中引导幼儿了解常规，掌握常规要求，按照常规要求进行相关活动。具体的工作流程如下：

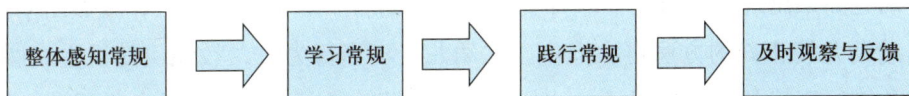

```
整体感知常规 ⇒ 学习常规 ⇒ 践行常规 ⇒ 及时观察与反馈
```

（一）整体感知常规

教师可以引导幼儿通过观摩小哥哥和小姐姐井然有序的一日生活视频，增加幼儿的情景体验，再组织有针对性的讨论等方式，引导幼儿从整体来感知常规的存在，还可通过环境营造，激发幼儿的多通道感知，即将班级的常规要求用绘画作品、照片、图示、文字符号等形式展现在幼儿面前，提示幼儿遵守常规。如在盥洗室张贴洗手的图示，请幼儿按照步骤来洗手；在楼梯上贴上小脚印，提醒幼儿顺一边上下楼梯；在安静的游戏区张贴一个嘴巴前竖着食指（表示"嘘"）的标志，告诉幼儿在游戏时不要大声喧哗。如果发现不遵守规则的幼儿，可以指一下标志，提醒幼儿遵守规则。此时，环境的教育作用尤为重要，无声胜有声，润物细无声。教师要重视环境的创设，使教育在潜移默化中自然发生。

（二）学习常规

整体感知常规后，要引导幼儿具体学习常规各环节的步骤要求。常规学习的方法有：示范讲解法、操作法、随机教育法、集中训练法和个别指导法等。

1. 示范讲解法

教师要通过明确的语言、具体的动作示范等让幼儿看清楚，明白具体的步骤。理解是执行的基础，因此，常规的学习要以幼儿理解为目的，这就要求教师在讲解时不仅要说明"怎么做"，更要说明"为什么要这样做"，让幼儿知其然更要知其所以然。另外，老师要注重身体力行的示范和影响，减少无谓的说教，如要求幼儿餐前洗手，老师就在分餐前主动洗手；要求幼儿小声说话，老师首先带头小声说话；要求孩子认真做操，老师带操时要努力做到动作规范、精神饱满等。教师还可以在班级推选"能干值日生"，他们是能够做好自己的事情，热心帮助其他小朋友，喜欢为班级服务，有责任心的小朋友，可以带领其他值日生为班级服务；又如图书管理员，他们是喜欢读书、爱惜书、收放图书按照要求做的孩子，在大家读书的时候可以像老师那样指导和管理同伴。

2. 操作法

对于幼儿来说，学习要从具体的感知出发，教师示范完毕，要提问幼儿正确的操作方法，确定幼儿弄懂之后，一定要请幼儿逐一尝试，并采用正面强化的引导方式，多为孩子树立榜样，多激励幼儿。让幼儿亲自动手操作一下，才能真正学会。

3. 随机教育法

幼儿如果出现违规行为，教师要及时做出语言引导请幼儿改正，或做出动作引导，请幼儿按正确的方法再次操作。在幼儿有不当行为时，教师应随机生成课程，向幼儿进行正确的示范或提示。比如，洗手排队，教师可以先给幼儿做示范，引导其学会正确排队。如果有小朋友插队，教师要将其拉到队尾，做到有要求、有监督。如果有人推搡，教师可以立即组织大家讨论：如果推搡会出现什么问题？这样做对不对？应该怎么做？这样的民主讨论，有助于幼儿深入理解规则并自觉遵守规则。

4. 集中训练

教师可以通过集体教育时间组织幼儿学习某项常规，如如何整理被褥，教师要通过讲解示范、幼儿操作练习等方式集中训练，促使幼儿掌握整理被褥的要领。集中训练时，教师要注意通过轻松愉悦的方式来教授幼儿学习常规，避免生硬的说教。儿歌法是幼儿教师最常使用的方式，如教幼儿洗手可以使用儿歌：

小朋友，爱洗手。洗前先卷衣袖口，打开龙头湿湿手，

抹点香皂搓搓手，手心手背都要搓，再用清水冲冲手，

冲干净，甩三下，一二三，去擦手。

还可以鼓励幼儿自由讨论。

比如，幼儿午睡时脱衣服的顺序，应该先脱上衣还是先脱裤子？脱下来的衣服应该怎么放更方便起床后穿？教师可以引导幼儿自主讨论，因为这是幼儿熟悉的事情，他们会纷纷出主意想办法，最后在孩子们讨论的基础上，大家一起约定：应该先脱裤子，再脱上衣，尤其是冬天，脱完裤子后先坐到被窝里不会着凉，将脱下来的裤子叠好放在床边，再将脱下来的上衣叠好放在裤子上面，正好起床时坐在被窝里先穿上衣再穿裤子，这样有利于身体健康。孩子们商量好后，老师请能力强的孩子按照顺序给大家示范，加强印象。幼儿参与制定规范，自己出的主意比老师提的

要求更有影响力，更容易遵守。

　　研究发现，幼儿对于规则的遵守程度与教师呈现规则时的感受有很大关系。如果教师呈现规则时态度是冰冷的、语气是生硬的，幼儿就会感觉规则是不好的东西，从而内心里抗拒规则。如果教师能让幼儿理解规则是保护他们的，并且充分发挥幼儿的主动性，参与规则的制定与讨论，则会让幼儿更加愿意遵守规则。

5. 个别指导法

　　如果幼儿有掌握不清晰的地方，可以通过个别指导法引导其学会。如，教师已经组织大家学习过"七步洗手法"，可有的幼儿仍旧不会洗手，教师可通过个别指导的方式引导他学会洗手的具体步骤。

视频：幼儿学习一日生活常规的方法

（三）践行常规

　　一个常规的建立不是一蹴而就的，必须给孩子提供反复实践的机会。学习完某个常规后，教师需要引导幼儿在日常生活中践行常规，逐步引导幼儿养成良好的习惯。

　　在实践过程中，教师要特别注意用儿童喜闻乐见的方式，如用游戏的形式或采用游戏的口吻激发幼儿践行常规，把对幼儿的要求转化为幼儿的内部需要，从"必须这样"转化为"我要这样"。比如引导幼儿经常饮水，有的教师会在饮水区每人设置一个小花形的袋子，每喝一杯水就放一根小棒到袋子里，等于给小花浇水，看谁每天浇的水多，幼儿就会为了给小花浇水而愿意主动去饮水。再比如收拾玩具，如果生硬地要求幼儿将玩具归位，孩子可能会抗拒，而设置成"送玩具宝宝回家"孩子的主动性会更强。

　　幼儿在常规方面有做得好的，或有进步的地方，老师要及时地给予表扬与鼓励。如【案例2-1】，教师在早上洗手和午休时，都适时地表扬了做得好的小朋友，有效控制了其他小朋友的混乱吵闹行为。表扬与鼓励在孩子的良好行为习惯养成中可以发挥很大的作用，能使孩子产生愉快情绪，从而转化为努力向上的动力，并进一步强化孩子正确的行为。受表扬的行为就是榜样行为，其他孩子会自觉进行模仿学习，在老师的不断表扬下，受表扬的行为不断得到强化，逐步演变成一种良好的行为习惯。表扬与鼓励可以是精神上的，如微笑的眼神、竖起的大拇指、温柔的抚摸、热情的拥抱和语言上的褒奖等；也可以是物质上的，如一朵小红花、一块小点心、一张小贴纸等。老师的表扬与认可对幼儿行为起到正强化的作用，可以使孩子受到鼓励，在以后的活动中更多地向着好的方面发展，这有利于常规的形成与稳定。表扬鼓励也有技巧，如每周五评小红花，可以从以前要求面面俱到，到现在每周只重点强化一条规则，周一公布规则要求，告诉幼儿小红花要找的朋友是什么样的，只要你在这星期符合这一条要求就可以得到小红花。然后将要求公布在家园栏中请家长一起监督，通过一段时间的实施，发现孩子们遵守规则的意识增强了。当个别孩子不遵守时，旁边的小朋友也会提醒他，因此，获得小红花的小朋友越来越多了，班级常规建设也就朝着更好的方向发展了。

当然，在进行班级生活常规管理时，适宜的音乐、约定的口令、恰当的体态手势等也都是常用的方法。

（四）及时观察与反馈

在引导幼儿践行常规的过程中，教师要注意观察与评价，及时发现问题并解决问题，尤其注意多引导幼儿自主觉错纠错。可继续使用问题讨论法，教师和幼儿针对班级常规中存在的问题，共同分析、讨论、修正常规。如，教师发现每次美术课后半段都很混乱，有的先画完就上厕所去了；有的还在磨蹭，教师要结束活动了还舍不得收笔；有的到区域里玩去了；老师要指导有困难的幼儿，配教要整理收拾桌椅及画具，而在老师看不到的时候就时常出现磕磕碰碰的安全事故……于是，教师组织幼儿一起讨论，怎么把这个环节变得更有序？结果在大家共商共议下，最后共建常规：一是所有人在规定的时间统一收笔，自己把作业（没画完的也不画了）和画具收好；二是男孩收桌子、女孩摆下一个活动的椅子（大家都在教室）；三是先集中坐下然后再分头去上厕所……试行一段时间后，还真是有序多了。

如果发现有的幼儿不遵守常规，要弄清原因，是幼儿没有掌握动作要领？还是内心里有抵触情绪？或者是为了吸引老师的注意力故意破坏规则？在了解清楚具体原因后再对症下药，引导幼儿积极遵守规则。

二、一日生活常规管理的要点

幼儿一日生活常规管理是一项艰巨而漫长的工作，对其研究实施的过程也是理解、内化、落实《指南》理念的过程，需要教师的深入学习、智慧引领、艺术处理，保教人员应站在尊重幼儿、有利于幼儿长远发展的角度，调动环境、家园、师资队伍等一切有利因素。唯有这样，才能发挥一日生活的教育价值，实现一日生活管理的目标，让幼儿在一日活动中有自己选择、规划、体验、创造、表达的权利，让他们真正自信、自由、自主，让"一日生活皆教育"的理念深入人心，落到实处。

1. 严爱结合，温暖有力

严爱结合指的是教师在引导幼儿遵守规则时既要坚持原则又要态度温暖。幼儿渴望得到成人的关爱，老师、父母可以通过温暖的拥抱、鼓励的眼神、甜蜜的微笑、轻轻的抚摸等表情、动作，和幼儿建立亲密的关系。亲其师才能信其道，幼儿才会心甘情愿地听取与遵从成人的建议，自觉遵守那些有益于自己和整个集体进步的规则制度，慢慢地在自觉或不自觉中建立一定的规则意识。如果态度太严厉，幼儿可能会因为心生畏惧而遵守规则；而一旦离开了成人的监督，就可能会置规则于不顾，不能实现规则的内化。

2. 联合一致，统一要求

联合既指班级教师合力，也指家园合力。大家要统一目标、密切配合，班级中的教师与保育员要分工合作，家园之间要互通有无，配合默契，对待幼儿的态度和要求要统一，否则容易让幼儿产生误解，无所适从。如要求幼儿饭前便后要洗手、手脏了随时洗。不论是教师、保育员还是家长，在组织幼儿活动时都要对幼儿提出统一要求，让幼儿保持手的清洁卫生。

教师要在家长会上和家长分享近期主要培养孩子哪方面的常规，以及做好这些常规的好处，并给家长正确示范，请家长在家中也做相应的引导。如自己的事情自己做；物归原位、物归原样；学会排队，学会分享；生活作息有规律等。教师要多向家长分享孩子在常规方面的进步，正面鼓励，以取得家长的积极配合。

3. 时空把控，合理安排

所谓时空把控是指幼儿园一日生活中的时间与空间的把握与调控。

时间把控上，我们要注意"化零为整"。如果幼儿园的作息时间表中所体现的环节过多，每个环节时间的安排都非常细致而固定，过快的节奏导致幼儿一日活动时间安排过于"碎片化"，活动转换过于频繁，容易导致幼儿出现紧张、混乱、消极等待等现象，看上去精细，实则机械。《纲要》中明确指出："科学合理地安排和组织一日生活，时间安排应有相对稳定性与灵活性，尽量减少不必要的集体行动与过渡环节，减少消极等待现象。"针对这些问题，建议根据孩子年龄特点，尽量"化零为整"，即将可在时间上交叉或同时进行的活动（如生活活动与区域活动）整合起来，将多项活动放进板块时间内，为幼儿提供长时间游戏、学习、探索的机会。

另外教师还应特别注意训练孩子节约时间、规划时间的意识，如果教师在孩子绘画等操作类活动中任意延长时间，则可能会使孩子养成拖沓的不良习惯。要避免这一问题，老师可根据具体情况给孩子规定完成的时间，到时间就结束，哪怕没完成也要结束。同时引导幼儿自己分析没完成的原因，逐步培养提高效率的意识与能力。当然，对于能力确有差距的孩子，应允许其利用其他"碎片"时间继续完成自己的操作活动。又如在自主游戏时间，教师可在结束前5分钟提示幼儿，提醒孩子自主规划，有的可提前进入收整状态，有的是否要开展新的游戏，有的赶紧加快自己的游戏进度……

空间把控上，要注意合理安排和规划。一方面，要注意在同一时间同一空间，人员一定要把控和分流。如果盥洗室、饮水处很狭小，在同一时间集体涌入，容易拥挤、混乱，教师忙于处理，导致部分幼儿消极等待且易发生安全隐患。另一方面，要注意尽量规划好一日生活各环节空间的使用，尽量减少无谓的变动。如吃早餐用了桌子，接下来的学习活动也要用桌子，保育老师就不要再把桌子搬走了；又如，第一个活动是坐马蹄形，第二个活动是坐圆形，中间转换环节就直接请前面第一排转过来就行，而不必在喝水如厕时又摆到习惯性的三排位置……合理的规划能培养孩子从容有序的生活习惯，同时也避免安全事故的发生。

4. 关注转换，串联成珠

如果说幼儿一日生活各环节犹如一颗颗珠子，那转换环节就是把这一颗颗珠子串起来的线，它们共同组成一根完美的项链。转换环节也有很丰富的教育价值，如能培养孩子自主活动、有效准备的能力，帮助孩子养成从容有序的生活习惯，学会较快适应环境等。然而，在日常工作中，教师往往只关注优化幼儿学习、游戏、生活、运动等环节，而大大忽视了转换环节的有效组织与实施，往往出现以下"几多"的局面：① 混乱多——无要求、无目标；② 安全事故多——搬桌椅时磕碰事故频频发生；③ 教师包办多——有的老师无预测无规划，孩子解散前不做安排，等到孩子们去喝水如厕了，又临时抓着保育老师大搬桌子、椅子、摆放学具，忙得不可开交，孩子活动回来后则坐享其成；④ 匆忙模糊多——教师在做操前没有留出充分的转换时间让孩子喝水、如厕等，等集合音乐一响，又慌了手脚，急急忙忙催孩子们下楼，匆忙中椅子还没摆好、衣服还没扎好，孩子们还在津津有味地聊着上个活动的内容，而且每个人喝水如厕是否到位也不清楚。

针对上面的问题，可以用以下方法进行优化。

一是全体教保人员进一步学习领会转换环节的价值，不断提醒自己要心中有目标。二是对照目标不断积累组织小策略。如提前预令"下一个活动我们要……"，让幼儿能随着活动的需要转换情绪和注意。又如调控时空，即做好下个活动的准备再让孩子开展生活活动，让每个孩子都有机会为自己的活动做准备。再如有效琴声的暗示，规定A琴声是代表休息、B琴声代表开始、C琴声代表结束、D琴声代表集体做律动等，从而减少教师的语言指令，让孩子学会自我管理。三是努力将转换环节化为有利的教育契机。由于各园班额都较大，在转换环节一般要将人员分流以保证有序和安全，所以此环节会持续5~10分钟，教师可利用等待时间让孩子自主交流，或轮流展示自己的本领，或进行个别谈话，或进行安全教育，或做游戏、听音乐、讲故事等。总之，通过一系列优化措施，真正做到让转换也精彩！

5. 适度自主，尊重信任

传统的幼儿园在一日生活管理中，基本上是教师主导，幼儿自主的空间和时间极其有限，教师对于活动组织形式、活动内容选择、幼儿行为规范等方面具有明显的"高控"特征，大多数活动是教师发起的，活动种类也单一。如一个上午组织两个教学活动，哪怕组织一个游戏也是老师主导多，下午好不容易有个分区活动，也是老师规定的区域和材料，孩子一天下来处于严重的"大一统"当中。还有很多班级，无论大、中、小班，老师开展完一个活动就要求幼儿去做三件事（喝水、如厕、洗手），孩子毫无自主可言。学习中，孩子明明可以自主探索、自主反思、自主觉错与纠错，教师却一定要好为人师，大包大揽。长此以往，孩子习惯了被老师安排，甚至有的老师为了实现规训的目的，还会较多地运用批评、惩罚、恐吓……

教师应给予幼儿应有的爱与尊重、理解和信任，在一日活动各环节中，把"权力"适度地交给幼儿，给孩子一定的选择权和控制权，比如让幼儿对部分活动的学习任务与内容、操作材料、小组与合作伙伴有选择的机会；在一些活动环节和情境中，允许幼儿用自己的方式和节奏来学习和行动，生活活动让幼儿根据需要自主选择等。在有安全保障的前提下，要相信幼儿，大胆落实"孩子能做的给孩子做，孩子能体验的让孩子体验"，确保幼儿能够获得一定的自主发展空间和机会，培养幼儿良好的自我意识与主动性。

任务三　卫生保健常规管理流程及要点

一、卫生保健常规管理的流程

班级卫生保健常规管理是确保幼儿生命健康、安全的重要保障，是幼儿园对幼儿实施科学保教的首要任务。每一个幼儿教育工作者务必掌握相关专业知识、严格规范操作流程，确保幼儿在园的健康成长。

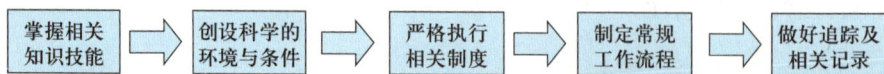

（一）掌握相关知识技能

无论教师还是保育员，入职前一定要参加严格规范的岗前培训，全面学习掌握幼儿园卫生保健相关制度、知识技能，如卫生消毒、健康检查、生活环节科学组织、传染病预防、常见疾病防治、意外伤害处理、各类登记填写、教保配合技巧等，还可通过进班观摩、实战练习不断强化与巩固。幼儿园要通过书面测验、实操考核等严格把关之后，才能让老师进班工作。入职后，在工作岗位上还要不断学习和练习，结合实际参加各种培训，不断熟练相关技能，熟知相关规范。幼儿园也可开展相关技能比武，不断促进老师们的专业能力提升。同时，老师们还要对幼儿及其家长进行相关培训，如让幼儿学习正确洗手法，学习正确使用毛巾，养成良好的生活习惯，学习各种常见疾病的应对办法，等等，让家长们学习相关的配合流程，如传染病要在治愈多少时间后开复课证明、幼儿感冒发烧在家如何护理等。总之，幼儿园要保教结合，保字当先，卫生保健知识与技能是所有幼儿园老师的必备技能。

（二）创设科学的环境与条件

科学的环境与条件是指符合卫生保健要求的，既包括物理环境（如通风采光好），又包括物质环境（如体育活动中幼儿穿着安全、舒适、轻便的服装），还包括良好的心理环境（如就餐、午睡前不批评孩子）等。幼儿园老师在组织实施一日活动各环节前，要提前准备并检查所提供的环境条件是否符合卫生保健要求，如，早上进班，教室、寝室都要通风换气，所有物体表面都要用清水擦拭；开餐前，所有桌面要先用84消毒液擦拭后，再用清水擦拭，准备好消毒过的餐巾，检查食物温度等；户外运动前，检查好所有幼儿的服饰是否安全轻便，所有运动器械是否安全，所有幼儿身心是否符合这样的运动；午睡前，检查所有幼儿的午间安全，确保无异物、无异样进寝室，寝室需提前紫外线消毒，并调试好温度、放下窗帘，营造午睡氛围等。当然，我们也要培养儿童自主地参与到环境营造中来，如开餐时要保持安静、文明进餐，保持清洁的进餐环境、离园时将所有物品分类收整等。

（三）严格执行相关制度

常态化地严格执行卫生保健制度，才能让所有幼儿的健康安全有保障，如早上晨检制度，一般的幼儿园都是由保健医生在门口对幼儿进行严格的晨检。发现有疑似疱疹性咽峡炎或疑似手足口、红眼病，或有发烧迹象等异常的幼儿，必须请家长带回隔离和去医院检查，按规定，身体恢复健康之后持医院康复证明才能入园。如果有个别孩子来得晚，错过了保健医生晨检，班级老师有责任对孩子进行补检，而且要严格按照一问、二看、三摸、四查、五登记的流程操作，千万不能图省事让孩子直接进入班级，万一有情况就难免造成大面积的传染与扩散。又如，教师还要严格执行有情况及时上报制度，如班级有任何孩子出现不适和紧急情况，如受伤、突发疾病、身体异常，都要第一时间报告保健室，重大情况要报告园领导，千万不能因为怕安全事故扣分影响班级评优等，晚报和瞒报。一旦出现事故，园方不知情不参与，后果与责任将不堪设想。

（四）制定常规工作流程

班级卫生保健工作内容琐碎，为了保证各项工作做到位，不出现遗漏，幼儿园一般按生活环节制定卫生保健常规工作流程，方便教师遵照执行。

1. 来园晨检

开窗通风（包括教室、寝室、洗手间等处）—晨间小扫（包括走廊地面清扫，窗台、桌面、玩具柜面等幼儿能触及的物体表面清水擦抹等）—备漱口盐水（茶杯柜需擦抹、杯子需清洗）—了解教师半日活动—对幼儿二次晨检—指导值日生工作等。

2. 早餐

餐前准备（戴口罩，系围兜，温水擦抹餐桌，备好餐盘、餐巾、擦嘴毛巾、开餐桶等）—开餐中（介绍食谱，营造安静就餐环境，照顾特殊幼儿用餐等）—餐后（送餐具至食堂，指导幼儿餐后擦嘴、漱口、洗手）—卫生清洁消毒（包括84消毒液擦抹餐桌餐椅，清洗餐盘餐巾，清扫用餐地面，等等）。

3. 区域游戏

游戏前（引导幼儿喝水、如厕，准备游戏材料等）—游戏中（及时为幼儿隔好汗巾、增减衣服，关注安全，补充材料）—游戏后（指导幼儿收整材料，清洁场地，及时护理好幼儿健康，指导幼儿洗手、喝水、如厕等）。

4. 课间操

操前（指导幼儿隔好汗巾、穿着适宜服装，备好护理篮、准备器械，引导幼儿如厕、喝水等）—出操中（清点幼儿人数，协助整理队形，关注安全，进行游戏，个别动作指导，照顾体弱儿）—操后（指导幼儿收整器械、衣物，用免洗凝胶洗手，擦汗，及时增加衣服，清点人数）。

5. 集体活动

活动前（协助教师准备材料，布置场地）—活动中（个别指导幼儿，关注活动秩序，做好与教师的前后呼应）—活动后（指导幼儿收整材料、场地，展示幼儿作品，组织如厕、洗手、喝水，做好下一个活动的准备）。

6. 如厕盥洗喝水

如厕：指导幼儿排队—指导幼儿穿脱裤子—鼓励幼儿自主按需大小便—指导幼儿擦屁股，冲厕所—清洁消毒厕所。

盥洗：备好肥皂—指导幼儿排队—助力卷袖—指导七步洗手—清洁台面。

喝水：备好适宜水温的水—指导幼儿排队取水—关注幼儿饮水量。

7. 午餐

同早餐。

8. 午睡

午睡前（睡前半小时调好室温，拉好窗帘，小班铺开被子，午检看口腔、测体温并登记，查安全，组织幼儿如厕、洗手，拆辫子，助脱衣，帮盖被）—午睡中（勤摸勤看勤巡视，处理咳嗽、把尿、流鼻血等异常情况，整理衣物，盖被，观察安全现象，测体温并登记）—午睡后（助穿衣，铺床叠被，二次午检，备漱口盐水等）。

9. 起床、午点

备午点（水果清洗、削皮、分切、分发、装盘）—整理着装—二次午检（看口腔、查手心等）—扎辫子—收拾、清洁消毒餐盘和点心盘、指导幼儿洗手、擦嘴—送垃圾。

10. 室外游戏

活动前（布场地，备器械，除隐患，引导幼儿如厕、喝水，备护理篮，隔汗，减衣，穿装备等）—活动中（时刻安全，个别指导，照顾体弱儿，参与游戏）—活动后（收材料，清场地，数人数，用免洗凝胶洗手，进班，擦汗，增减衣物）。

11. 离园

整理（给幼儿扎辫子、擦香、戴口罩、整理书包）—接待家长—照顾晚离园幼儿—离园卫生消毒整理（物体表面、地面清洁消毒，关闭门窗、水电，清理垃圾，

室内紫外线消毒）—做好各项登记

12. 传染病预防与控制流程

（1）疱疹性咽峡炎

午检发现幼儿咽部有红色疱疹—隔离（给幼儿戴口罩并送往医务室，测量体温，隔离）—通知家长（电话联系家长，告诉幼儿现状，家长接回并去医院做疱疹炎相关筛查）—追踪（联系家长追踪病因，要求家长将医生诊断报告拍照发给老师）—上报（确诊是疱疹性咽炎，第一时间上报医务室，包括幼儿姓名、就诊医院、病历照片等）—健康教育（第一时间在班级群告知家长，做好健康教育）—消毒（物体表面、玩具、厕所，打包患儿床上用品，要求家长带回去清洗消毒晾晒）—持续关注（患儿不能来园这段时间，要隔两天关心、问候一下。待满足复课条件时，要求家长带着病历本到卫生服务中心开具康复证明，然后返园）

（2）诺如病毒

幼儿在教室发生喷射型呕吐—驱散人群（迅速驱散周围幼儿，然后老师带着其他幼儿赶紧离开教室）—做好自身防护（老师迅速戴好围裙、口罩、手套、帽子）—隔离患儿（给患儿戴上口罩，立即送往医务室，如患儿衣服有呕吐物，应及时帮助更换衣物，并通知家长接回）—呕吐物消毒（用毛巾覆盖呕吐物，将84配比液按顺序喷洒在毛巾和呕吐物上，并且作用30分钟。30分钟后将呕吐物扫起来丢进垃圾袋，扎紧垃圾袋口，将垃圾丢进垃圾桶内，用拖把将脏污地面拖干净）—用具消毒（扫把、撮箕、拖把用84配比液消毒，再清洗晾晒）—健康教育（第一时间在班级群告知家长，做好健康教育）—持续关注（追踪患儿情况，待无症状后三天可返园）

13. 意外伤害处理流程

鼻出血

安抚情绪（安慰幼儿不要紧张、害怕，让幼儿保持直立，不要抬头）—止血（若右侧鼻腔出血，按压右侧鼻翼，或取适当大小的消毒棉球，塞进幼儿右侧鼻腔，用手捏紧两侧鼻翼，让幼儿张口呼吸，若按压数分钟还不能止血，则用冷水将毛巾打湿放在前额、鼻根部冷敷，一般数分钟即可止血）—送医（处理后仍不止血，立即送往医院就诊。若止血后幼儿仍有频繁吞咽动作，就让幼儿把口水吐出来，如幼儿吐出来的是血，说明鼻后部流血没有止住，则立即送医）—观察（鼻出血数小时内避免剧烈运动和挖鼻孔等）。

跌倒擦伤

安抚情绪（安慰幼儿不要紧张、害怕，不用脏手去碰伤口）—观察伤口深浅（若伤轻只需清理干净即可）—送医务室（生理盐水清洁伤口、碘伏消毒、无需包扎，如伤势严重，简单清洗消毒后送医院）—通知家长一同前往医院。

异物入鼻

安抚情绪（安慰幼儿不要紧张、害怕，不用手去挖鼻孔）—送医务室（及时为幼儿取出异物，如引导幼儿深吸一口气，用手堵住幼儿无异物一侧的鼻子，让幼儿用力擤鼻，异物即可排出）—如无法取出，送医院并通知家长。

（五）做好追踪及相关记录

当幼儿出现异常情况，教师科学处理后，要进行追踪跟进。班级教师可以定人、定时、定性，确保追踪到位，一方面了解幼儿特殊状况的发展，一方面表达关心与问候，促进家园、师生间亲密关系，逐步形成温暖有爱、有力量的班集体。比如在【案例2-2】中，老师带领孩子去医院检查并把幼儿交给家长，晚上下班后又组织班组成员一起去探望孩子的伤情。追踪的具体形式多种多样，可以上门，也可以选择电话、微信等。过程中要注意做好相应记录，如因病缺勤情况追踪登记等，方便留存信息。

二、卫生保健常规管理的要点

教师要高度重视卫生保健常规管理工作，熟练掌握相关专业知识技能，任何时候都要把每一个幼儿的健康、安全放在首位，努力做到脑勤、手勤、脚勤、嘴勤，充分发挥幼儿的主动性，联合多方力量，充满爱心、精心、耐心、细心、诚心地为孩子们保驾护航。

（一）耐心宣教，家园一致

卫生保健常规管理需要家园、师生、各部门等联合参与，并保持高度一致。只有大家相互配合，才能真正确保管理有效。但非专业人员理解和接受有个过程，需要我们耐心、细心、暖心、诚心地沟通和宣教。如早上家长送孩子到幼儿园来，本来就要迟到了，却被园医逮住说孩子疑似疱疹型咽峡炎，需要到社区或医院确诊。这时家长难免急躁，甚至会情绪激动，幼儿园老师一定要换位思考。一方面正确面对，另一方面，一定从孩子健康角度和对其他孩子负责的态度耐心交流，并具体告知家长操作流程，取得家长的支持。又如幼儿在园受伤了，家长一定又伤心又气愤，甚至可能恶语相向、情绪激动，老师一方面应客观真实地说明情况并积极承担责任，表示道歉；另一方面，要理解、接受家长情绪并一同积极处理，安抚孩子，引导孩子积极配合医生处理伤口等。处理后，还可将一些需要注意的事项发给家长，与家长共同商议家园一致的护理方法。再如，孩子在园出现身体不适，老师在正确处理后，要如实告知家长，并及时进行科学宣教，共同护理孩子快速康复。例如，绒绒在幼儿园呕吐了，老师在处理后，可这样与家长沟通：

绒绒爸爸，您好！绒绒今天午餐时出现呕吐的症状，但精神状况良好，体温正常。问其原因是不喜欢吃鱼的缘故。但平时吃鱼未见绒绒有此反应。保健医生建议先不接回家，留校观察一下情况再看。下午观察无任何异常，晚餐也吃了一大碗面条。不知晚上会不会出现异常情况，请您特别关注一下，有情况及时向老师反馈哟！另外书包里有换下的脏衣服，请记得拿出来，回家注意保暖、吃点清淡的东西……

（二）规范操作，严格执行

教师在进行卫生保健常规管理时，一定严格按照操作要求进行操作，不可图省事，减少步骤。比如，对于幼儿呕吐物，教师必须严格执行消毒制度，用纸巾将呕吐物覆盖并喷洒上有效浓度1 000毫克/升的84消毒液，并作用30分钟以上。不能草草清场，简单清洁，否则，有可能造成大面积的传染。

拓展学习

一、幼儿一日生活常规要求"八字歌"

将幼儿一日生活常规要求以"八字歌"的形式编排，方便记忆（表2-3）。

表2-3 幼儿一日常规生活要求八字歌

环节	老师要求	保育员要求	幼儿要求
入园与晨练	1. 热情接待，记下嘱托 2. 观察异样，及时上报 3. 推选值日，协助开餐 4. 提供材料，指导晨练 5. 个别幼儿，妈样情怀	1. 室内通风，内外保洁 2. 衣物鞋帽，摆放整齐 3. 开水盐水，准备到位 4. 面带微笑，接待幼儿 5. 半日活动，事先了解	1. 见到老师，主动问好 2. 自己书包，自己摆放 3. 晨间锻炼，积极参与 4. 值日工作，锻炼自我
盥洗与如厕	1. 盥洗方法，正确指导 2. 二便规律，心中有数 3. 生活技能，随机培养 4. 体弱幼儿，多加关注	1. 盥洗用品，提前准备 2. 检查衣物，防止弄湿 3. 脏湿衣裤，及时更换 4. 消毒工作，切莫忘记	1. 洗手如厕，耐心等待 2. 不玩不闹，保持干爽 3. 饭前便后，及时洗手
集体教学	1. 目标明确，因材施教 2. 语言规范，激发兴趣 3. 生动活泼，直观有趣 4. 启发教学，激发主动 5. 各类活动，合理安排 6. 整理收集，展示作品	1. 协助准备，灵活配教 2. 巧妙暗示，督促指导 3. 整理学具，展示作品	1. 集中精力，积极参与 2. 积极思考，细致操作 3. 写字画画，姿势端正 4. 操作收拾，习惯良好
体育与课间操	1. 户外活动，确保时间 2. 多用器械，把握强度 3. 增减衣物，及时提醒 4. 精神饱满，动作规范 5. 安全教育，结合进行	1. 布置场地，检查衣物 2. 主动参与，个别指导 3. 擦汗隔汗，及时换衣 4. 安全第一，杜绝事故	1. 热爱运动，精神饱满 2. 遇到不适，自主报告 3. 大班中班，主动保育 4. 自我保护，非常重要
游戏	1. 材料充足，时间充分 2. 激发兴趣，尊重自主 3. 观察幼儿，适时指导 4. 培养习惯，促进交往	1. 游戏准备，提前做好 2. 主动参与，个别指导 3. 清点玩具，清扫教室	1. 自主选择，愉快游戏 2. 扮演角色，积极交往 3. 不争不吵，互帮互助 4. 爱惜玩具，分类整理

环节	老师要求	保育员要求	幼儿要求
进餐	1. 安静游戏，营造气氛 2. 良好习惯，时常提醒 3. 饭后散步，促进健康	1. 餐前擦桌，餐后消毒 2. 值日工作，引领指导 3. 掌握饭量，随时添加 4. 个别幼儿，给予帮助 5. 饭后漱口，生病喂药 6. 卫生清扫，餐后进行	1. 文明进餐，不挑食物 2. 餐具餐巾，学会使用 3. 餐前洗手，餐后漱口
午睡	1. 穿脱衣服，正确指导 2. 营造气氛，组织入寝 3. 小班幼儿，帮助穿脱	1. 睡前开窗，睡时拉帘 2. 逐个检查，发现隐患 3. 走路说话，轻声安静 4. 幼儿衣物，统一摆放 5. 加强巡视，发现异常 6. 生病幼儿，特别陪护 7. 整理床铺，打扫寝室	1. 衣服鞋袜，自己穿脱 2. 安静就寝，不打不闹 3. 睡姿正确，不带异物 4. 整理仪表，互相帮助
喝水	1. 合理安排，有序组织 2. 上午下午，至少四次 3. 科学分流，减少等待	1. 备好开水，冬暖夏凉 2. 培养习惯，督促喝水 3. 检查学号，帮助整理	1. 按需喝水，认准茶杯 2. 轻拿轻放，不咬不碰 3. 地面衣服，保持干爽
离园	1. 检查仪表，热情接待 2. 归还教具，清理作品 3. 核对出勤，电话访问	1. 整理衣物，协助接待 2. 清理教室，检查水电 3. 搞好卫生，干净交班	1. 见到家人，主动招呼 2. 玩具书包，自己收拾 3. 懂得礼貌，主动再见 4. 体贴大人，不再逗留

二、幼儿园常见传染病潜伏、隔离期限一览表（表2-4）

表2-4　幼儿园常见传染病潜伏期及解除隔离标准一览表

病种	潜伏期	解除隔离标准
猩红热	1~7天	至症状消失后咽培养连续3次阴性，且无化脓性并发症出现（自治疗日起不少于7天）
麻疹	6~21天	出疹子后5天，合并肺炎至出疹子后10天
流行性感冒	1~7天	体温恢复正常且其他流感样症状消失48小时后
水痘	10~24天	至所有水疱全部干燥结痂为止或不少于发病后14天
流行性腮腺炎	8~30天	至腮腺完全消肿，且不少于发病后9天
流行性脑脊髓膜炎	1~7天	至症状消失后3天，且不少于发病后7天
风疹	14~21天	出疹后5天

续表

病种	潜伏期	解除隔离标准	
百日咳	2～23天	至痉咳后30天或发病起40天	
结核病	尚未明确，感染后终身潜伏	遵结核病定点医院的医嘱	
诺如病毒	1～5天	症状消失后3天	
手足口病（疱疹性咽峡炎类同管理）	2～10天	至体温正常、皮疹消退、水疱结痂后1周，约2周	
甲肝/戊肝	甲肝15～45天 戊肝10～75天	发病日起21天	
伤寒/副伤寒	3～60天	症状消失后15天	症状消失后5天、10天粪便培养2次阴性
细菌性痢疾	数小时～7天	症状消失后大便正常一周	症状消失后隔日粪便培养连续2次阴性
急性出血性结膜炎	0.5～2天	至眼睛无异常分泌物，一般10天（不得少于发病后7天）	
流行性乙型脑炎	4～21天	防蚊隔离至体温正常	
霍乱	4小时～6天	症状消失后14天	停服抗菌药后连续2天粪便培养阴性
登革热	3～15天	隔离至热退，且不少于发病后5天	
流行性出血热	4～60天	至热退	

实践园地

思考与练习

在我国的传统教育中，教师主导的活动多，更多地要求孩子听指令和遵守规则，而当前的幼儿园教育中，自主游戏活动比较多，越来越强调幼儿的自主性。

请结合上述观点分析，教师应如何处理常规要求和幼儿自主性之间的关系，进而做好一日生活常规的管理。

赛证真题

2018年下半年教师资格证考试真题

13. 什么是幼儿园一日生活常规（2分）？论述培养幼儿一日生活常规的意义和方法。（18分）（论述题）

【参考解析】

生活常规是幼儿园为了培养学前儿童良好生活习惯和基本生活能力，确保学前儿童健康成长而制定的幼儿园一日生活各环节的基本规则与要求。

常规教育的意义：

① 一日生活常规可以培养幼儿的生活规律，养成良好的行为习惯。

② 一日生活常规可以帮助幼儿适应幼儿园环境，学习在集体中生活。

③ 一日生活常规可以培养幼儿的自律能力，维持班级的秩序。

④ 一日生活常规能够增强幼儿的安全感，有助于幼儿健康成长。

常规教育的方法：

示范讲解法、操作法、随机教育法、集中训练和个别指导法。

2019年下半年教师资格证考试真题

13. 试述科学安排幼儿园一日生活的原则。（论述题，20分）

【答题要点】

（1）时间安排应有相对稳定性与灵活性，既有利于形成秩序，又能满足幼儿的合理需要，照顾到个体差异。

（2）教师直接指导的活动和间接指导的活动相结合，保证幼儿每天有适当的自主选择和自由活动时间。教师直接指导的集体活动要能保证幼儿的积极参与，避免时间隐性浪费。

（3）尽量减少不必要的集体行动和过渡环节，减少和消除消极等待现象。

（4）建立良好的常规，避免不必要的管理行为，逐步引导幼儿学习自我管理。

2021年全国高职院校高职组学前教育专业教育技能大赛题库试题

1. 班里的美美得了手足口病，许老师的做法不可取的是（　　　）

A. 对美美的被褥进行清洁消毒　　　B. 对盥洗室大小便池进行清洁消毒

C. 鼓励美美正常参加各项活动　　　D. 开窗通风，保持班内环境清洁

【正确答案】C

2. 区域游戏时间，亮亮和几个小朋友一起玩起了乐高玩具，过了一会儿亮亮哭了，鼻子又红又肿，满脸通红，原来他把一小块积木塞到了鼻孔里。这时教师不能做的是（　　　）

A. 帮助幼儿停止哭闹　　　　　　　B. 让亮亮使用口腔呼吸

C. 忙用镊子等东西尝试取出积木　　D. 把亮亮送到医务室或医院

【正确答案】C

2019年全国高职院校高职组学前教育专业教育技能大赛题库试题

请观看中班早餐活动过程的视频，分析教师的保教言行有哪些不足？并提出班级管理和教育活动建议。

视频：幼儿园保教活动分析

【参考答案】

1. 对幼儿心理特点的分析：

① 幼儿的社会性发展不够，产生了身体攻击行为。② 幼儿具有初步的道德感，但道德水平还处于初级阶段，只能关心别人的行为，不能关心自己的行为是否符合道德标准。③ 幼儿情绪具有冲动性，自控能力弱。④ 幼儿时间知觉发展还待提高。

2. 对教师保教言行的分析：

不足之处：

① 教师未建立好班级常规。

② 教师缺乏对幼儿的观察。

③ 教师的教育方法简单粗暴。

④ 教师保育方法不当。

3. 对教育活动的建议：

① 教师应建设好班级一日常规，确保幼儿在园一日生活的有序与安全，为幼儿营造良好的生活和学习氛围。

② 教师应关注全体幼儿，善于抓住教育契机，因材施教。

③ 教师应对有攻击性倾向的幼儿，给予更多关注和耐心的教育，与幼儿家长及时沟通，共同商讨教育方法促进幼儿发展。

④ 教师应实施科学保育。幼儿出鼻血时，教师应安慰幼儿不要紧张，用口呼吸，头略低，并捏住鼻翼5~10分钟，同时，用湿毛巾冷敷鼻部和前额。

项目三

3

有"责"——班级安全工作管理

学 习 目 标

知识目标：

☐ 熟悉班级安全工作管理的概念。

☐ 了解班级安全工作管理的必要性。

☐ 掌握班级安全工作管理的内容。

☐ 掌握班级安全工作管理流程及具体要求。

能力目标：

☐ 能按要求在活动前做好安全预防。

☐ 能按要求在活动中做好安全管理。

☐ 能按要求在活动后做好安全工作总结。

素质目标：

☐ 树立较强的安全责任意识，将幼儿的生命安全放在第一位，尊重每一个生命的价值。

☐ 形成认真负责、耐心细致的工作态度，主动排查安全隐患。

☐ 工作作风严谨，养成严格按照工作规范操作的习惯。

☐ 既有全局意识，又要重点关注特殊幼儿，及时帮助和指导。

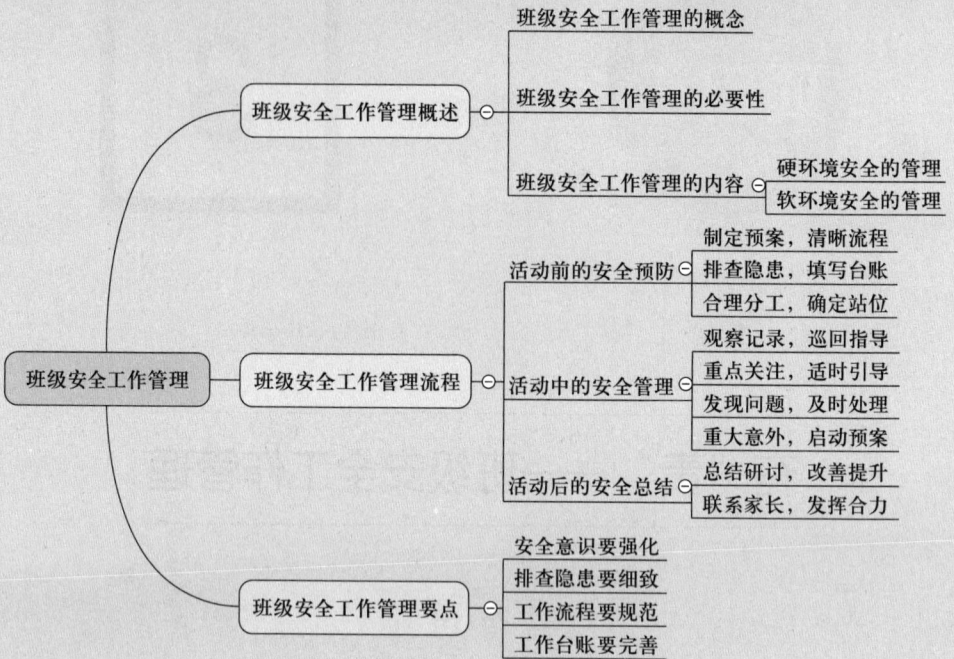

班级安全工作管理
├─ 班级安全工作管理概述
│ ├─ 班级安全工作管理的概念
│ ├─ 班级安全工作管理的必要性
│ └─ 班级安全工作管理的内容
│   ├─ 硬环境安全的管理
│   └─ 软环境安全的管理
├─ 班级安全工作管理流程
│ ├─ 活动前的安全预防
│ │ ├─ 制定预案，清晰流程
│ │ ├─ 排查隐患，填写台账
│ │ └─ 合理分工，确定站位
│ ├─ 活动中的安全管理
│ │ ├─ 观察记录，巡回指导
│ │ ├─ 重点关注，适时引导
│ │ ├─ 发现问题，及时处理
│ │ └─ 重大意外，启动预案
│ └─ 活动后的安全总结
│   ├─ 总结研讨，改善提升
│   └─ 联系家长，发挥合力
└─ 班级安全工作管理要点
   ├─ 安全意识要强化
   ├─ 排查隐患要细致
   ├─ 工作流程要规范
   └─ 工作台账要完善

任务一　班级安全工作管理概述

《幼儿园教师专业标准（试行）》提出，幼儿教师要高度重视幼儿的生命与健康，"将保护幼儿生命安全放在首位""熟知幼儿园的安全应急预案，掌握意外事故和危险情况下幼儿安全防护与救助的基本方法""有效保护幼儿，及时处理幼儿的常见事故，危险情况优先救护幼儿"。《幼儿园工作规程》第三章专门提出了对幼儿园安全工作的要求。由此可见，幼儿园班级安全工作意义重大，教师要重视并做好班级安全工作管理。

一、班级安全工作管理的概念

幼儿园班级安全工作管理是指针对某个特定班级的具体情况，有目的、有计划地创设安全的班级环境、氛围，根据安全的组织流程开展班级管理工作，通过安全教育活动、安全制度等提高师生安全意识，预防意外伤害事件发生，保障幼儿身心健康发展。它是教师为了避免威胁幼儿安全的事故发生，通过计划、组织、指挥、协调和控制等的管理过程，保障幼儿在班级活动过程中的安全。

二、班级安全工作管理的必要性

（一）加强班级安全工作管理是实现幼儿健康成长的必要保障

幼儿骨骼、肌肉等身体各器官、系统发育不完善，机体组织柔嫩，容易受伤。同时幼儿好奇心强、活泼好动，充满求知欲和探索欲，喜欢采用直接感知的形式探索周围世界，常常会有大胆的举动。幼儿对周围事物、危险因素的认知、识别和预判能力有限，不能很好地预判自己的行为可能造成的安全隐患，也不能很快地识别安全隐患并有效规避。如幼儿在盥洗室洗手时喜欢玩水，并没注意到水洒到地面上，造成地面湿滑，存在容易使同伴跌倒、摔伤等安全隐患。如果教师在班级管理时，没有注意到这些隐患，就容易发生安全事故。因此，教师要特别重视班级安全管理工作，尽最大可能减少意外发生。

（二）加强班级安全工作管理是增强家园信任的基石

家长将幼儿交到老师手上，就是对教师最大的信任。如果教师不能很好地做好安全管理工作，使幼儿经受一些不必要的伤害，就会失去家长的信任，家园沟通也会受阻，为后续工作增添障碍。

（三）加强班级安全工作管理是提高教育质量的前提

安全是一切的基础。如果幼儿的安全都得不到保障，更何谈教育？因此，班级安全工作与教育之间有着千丝万缕的联系。教师不可因噎废食，为了安全而减少必要的教育活动，也不能因为教育就置幼儿的安全于不顾。如何在充分保障幼儿安全的基础上做好教育工作，是需要智慧的。教师需要在醉心于保教工作的同时，时刻绷紧安全这根弦，让教育与安全琴瑟和鸣，奏出幼儿教育的华章。

视频：班级
安全管理的
必要性

三、班级安全工作管理的内容

按照性质来分，幼儿园班级安全工作管理包括硬环境安全的管理和软环境安全的管理。

（一）硬环境安全的管理

硬环境安全的管理主要是指教师要对物质环境、设施设备、物品等方面存在的安全隐患经常进行排查，如幼儿园要经常检查班级所有电器，确保其使用状况良好；教师要时常关注盥洗室地面是否有水，以防幼儿滑倒摔伤；幼儿园的大型器材种类较多，每所幼儿园都有滑梯、绳网、攀岩墙、荡桥等运动器材，但这些器材大多在室外，长年累月地风吹日晒，如果不妥善管理和维护，容易出现陈旧老化等现象，出现一些安全隐患。

（二）软环境安全的管理

软环境安全的管理主要是指围绕幼儿活动所进行的，与安全相关的事情，包括安全的氛围、安全的活动组织、安全照料、安全制度建设等。比如，幼儿午睡时教师要保持警惕，睡前要为幼儿提供舒适的睡眠环境，合理调节幼儿情绪，以及做好睡前清点检查工作；幼儿睡眠过程中也要进行不间断的巡视观察，纠正幼儿不良睡姿等，以防幼儿睡姿不正确引发窒息等安全事故的发生。

案例分析

本节呈现三个案例，分别展示日常生活环节安全工作管理、室内区角活动安全工作管理和户外游戏活动安全工作管理。

案例 3-1　日常生活环节中的安全工作管理

班级基本信息：小班，33名幼儿（男孩18名，女孩15名）；
幼儿年龄：2岁7个月—3岁10个月

为更好地了解幼儿基本情况与家庭教养情况，开学前小二班的老师们就利用暑假进行了家访。通过家访发现，除了两三个幼儿上过一个月左右的半日托班，五六个幼儿参加过有家长陪伴的半日活动外，其他幼儿基本上以家庭抚养为主，没有集体生活的经验。大部分幼儿在家里缺乏一定生活规律，有小部分幼儿生活自理方面缺少锻炼，自理能力较弱。

基于小班幼儿安全意识较弱，自我保护能力不强，经验丰富的吴老师跟其他老师们商量，要在做好幼儿生活护理的同时，做好幼儿的安全教育工作。为此，吴老师组织本班几位老师一起讨论班级安全工作计划的要点（表3-1）。她们先分析了班级幼儿的基本情况，然后梳理了班级安全工作管理的重点及措施，明确了老师在班级管理工作中需注意的事项和要点。

表3-1　小二班安全工作计划

班级老师	班主任：吴老师　协教：刘老师　配教：张老师 保育员：邱老师
幼儿人数	33人
班级幼儿基本情况分析	1. 我班是新入园的小班，幼儿年龄小，大多数幼儿缺乏集体生活经验，不了解集体生活的规则与要求，安全意识差。小班是孩子走向集体生活最关键的时期，孩子的情绪也正在稳定当中，保证孩子的安全是班级的头等大事。因此，我们将着重对孩子开展安全教育。 2. 通过家访了解到，有些幼儿在家里的生活缺乏一定的规律性，随意性很大，想玩就玩，想吃就吃，对孩子基本没多大的约束。有少部分孩子生活自理方面缺少锻炼，自理能力较弱，幼儿生活习惯和行为习惯需进一步培养。 3. 本学期重点工作是帮助幼儿养成良好的生活常规习惯和行为习惯，将安全教育渗透在幼儿一日生活中是比较恰当的。安全教育重点工作是班级常规中的安全教育。

续表

本学期班级安全工作重点及举措	1. 建立和完善接送制度，给每个家庭发两张接送卡。家长凭接送卡接送孩子，并认真填写幼儿家长接送记录。如果家长委托他人来接送孩子，必须有字条和家长的亲笔签字，同时提前打电话通知班级教师。 2. 带孩子外出活动前后都要清点人数，孩子的活动范围必须在班级教师的视线范围内，确保孩子的安全。 3. 结合日常生活活动，让幼儿了解班级常规中的安全注意事项，如喝水时要排队、不接太满的水、慢慢走、不把水洒出水杯等；吃饭时不乱讲话、不说笑，专心吃饭、细嚼慢咽；学会玩滑梯和使用大型运动器械；教育幼儿不跟陌生人走，过马路要小心等，树立幼儿初步的安全意识。 4. 积极认真地做好晨间接待和检查工作，做好药物登记，了解幼儿当天情绪和身体状况，杜绝幼儿携带危险物品入园。同时向家长宣传晨检的重要性，鼓励幼儿愉快接受晨检，并达成家园共识。 5. 做好各项安全记录，每天认真检查幼儿出勤情况，对缺勤、请假幼儿及时了解原因，并做到心中有数。 6. 每天定时检查活动室内各项设施（包括幼儿玩具、用品等）是否存在安全隐患，发现问题要及时报修，直到隐患排除才能使用。 7. 丰富安全教育内容，通过不同形式的安全教育活动，逐步提高孩子自我保护意识。在教育教学活动中继续加强幼儿的安全教育，让幼儿了解具体的安全知识，如教育幼儿不玩危险物品，不乱吃东西，不将异物塞入耳、鼻、口内等，提高幼儿的自我保护意识。 8. 进一步引导幼儿养成良好的行为习惯，教育幼儿不追逐打闹，不接触电源开关，掌握各种活动器械的正确操作方法，杜绝安全事故发生。 9. 重点培养幼儿的交往能力，教育幼儿之间要团结友爱，互帮互助，不打人和推人，活动中学会与他人共同分享，学会谦让，同时养成勤剪指甲的习惯，以免抓伤他人。 10. 加强家园共育，共同关注幼儿的安全教育，促进孩子健康成长。 11. 班级老师要善于观察，发现安全隐患要及时处理和上报。

　　通过共同制订班级安全工作计划，协教老师和保育老师都深刻认识到安全教育的重要性，在组织班级一日生活常规活动时，也会观察是否存在安全隐患。

　　开学不久，张老师发现在集体上下楼梯时，有些幼儿还是按照在平地上的常规排队要求，后面一位幼儿牵着前面幼儿的衣服上下楼梯。这样有很大的安全隐患，稍不注意，孩子们就可能摔倒。于是，张老师跟吴老师商量，是否要对幼儿上下楼梯进行一次专门的安全教育活动，使幼儿学会排队靠右，一个接着一个扶着扶手上下楼梯。吴老师表扬张老师善于观察和思考，并在班上组织了一次"我会上下楼梯"的集体教学活动。

安全活动：我会上下楼梯

［一］活动目标

1. 能够排队靠右一个接着一个，扶好扶手上下楼梯。

2. 知道上下楼梯人多时不能拥挤。

［二］活动准备

1. 在幼儿园活动室布置小兔的家。

2. 准备小礼物，数量同幼儿人数。

［三］活动过程

1. 通过尝试，教师和幼儿一起讨论上楼的方法。

（1）姐姐要过生日，我们也一起去看看她，祝贺她的生日。

（2）教师和幼儿一起上楼，进入兔姐姐家。教师和幼儿与兔姐姐打招呼。

（3）教师和幼儿讨论：你们刚才是怎样上楼梯的呢？

（4）小结：上楼梯时不要害怕，不要着急，眼睛要看好楼梯，一步一步向上走。

（5）兔姐姐和老师一起表扬用正确方法上楼梯的小朋友。

（6）兔姐姐分糖果给小朋友品尝。

2. 通过尝试，教师和幼儿一起讨论下楼的方法。

（1）"兔姐姐，我们也有礼物送给你。哎呀，我们忘记带来了，请小朋友下楼去取吧，请兔姐姐等一等！"

（2）教师和幼儿一起讨论下楼的方法：手扶栏杆，一步一步往下走。

（3）教师请一幼儿示范，再一组一组请幼儿走。

（4）兔姐姐在楼梯口表扬能干的幼儿，请全体幼儿回到自己的班级。

3. 再次尝试，巩固上下楼梯的正确方法。

（1）"刚才，我们是一组一组到兔姐姐家去的，现在，我们要一起去兔姐姐家，那该怎样上下楼呢？"

（2）教师和幼儿一起讨论，小结：上下楼人多时要一个跟着一个走，还要顺着右边走。

（3）教师和幼儿一起上楼送"礼物"。

（4）集体唱"生日快乐"歌，祝贺兔姐姐生日快乐。

（5）教师和幼儿请兔姐姐下楼到本班做客。

通过活动的开展，幼儿知道了上下楼梯不能拥挤，要一个接一个靠右扶着扶手上下楼梯。之后，小二班幼儿排队上下楼梯，很少出现后面幼儿牵着前面幼儿衣服的情况了。看着因为自己的细心观察与合理建议，幼儿上下楼梯时更安全了，张老师特别开心，更加明白了善于观察和反思，是幼儿园教师应该掌握的重要技能，同时也坚定了自己要做一名优秀的幼儿园教师的信念。

在班级教师例会上，吴老师根据开学一段时间以来幼儿的表现，特意安排了一个环节讨论班级安全教育情况，吴老师先抛出三个问题请老师们谈谈在班级常规管理中，小二班有哪些地方做得比较好？还有哪些安全隐患？有什么建议？

刘老师说，虽然开学才一周，但是小二班班级管理很有秩序，没有发生大的安全事故，这跟一开始就排查安全隐患，制定了安全工作计划有关。老师们很清楚每个时间点的安全工作重点。但是依然存在一些之前没有预料到的安全隐患，比如搬椅子时，有的孩子把椅子举到头顶，有的孩子根本不看旁边有没有其他小朋友，拖着椅子就走。

邱老师补充说，班级门帘也有安全隐患，小朋友们在自由活动时间，总喜欢跑到门帘处，不停地开合门帘玩，一是容易夹到手，二是其他人在进出门时，如果没有注意，很容易撞到正在玩的小朋友。这种现象发生得很频繁，如果不制止，怕是会有越来越多的小朋友加入，那就更危险了。

张老师发现部分幼儿很喜欢咬玩具，啥都往嘴巴里放。

吴老师非常肯定和赞赏了老师们的细致观察，然后跟老师们一起讨论解决办法。

经讨论，他们决定每两周开展一次专门的安全教育活动。前几周的内容可以是班级一日常规中要特别注意的问题，如喝水、盥洗、排队的注意事项，后面可以根据孩子们的行为习惯和表现选择主题。对一些有安全隐患的地方，教师通过环创，贴上各种标识提醒幼儿要注意的事项，如盥洗时要排队、不拥挤、不打闹等，帮助幼儿理解标识的含义，并遵照执行。另外还可以通过跟家长沟通，一起对幼儿提出要求，帮助幼儿改正不良的行为习惯。老师们平时发现的各种安全隐患也可以通过拍照、录视频的方式记录下来，利用跟幼儿谈话或者总结的时间向幼儿展示拍摄的照片或者视频，引导幼儿分析存在的安全隐患和注意的要点。

经过老师们周密的管理工作，一学期下来，小二班没有发生大的安全事故。但是孩子年龄小，安全意识和自我保护能力还很有限，小的磕磕碰碰也是有的。

一天中午，孩子们分批到走廊拿拖鞋，进活动室换拖鞋准备午睡。吴老师安排女孩子先拿拖鞋到活动室换。刘老师站在外面走廊观察，当时小林子和姚姚都在拿拖鞋。小林子是跪在鞋柜前拿拖鞋的，而姚姚已经拿好拖鞋准备进活动室。这时，姚姚正在和右边的小朋友聊天。姚姚一边用眼睛看着右边同学热火朝天地聊着，一边往左边走，没有看见离她不远处的小林子正跪在鞋柜前拿拖鞋。走着走着，一不小心姚姚就踢到了小林子，整个身体直接扑在小林子身上。小林子马上哭了，只见他的左眼眶红肿，左边眼镜镜片掉在了地上。刘老师马上带小林子去医务室消毒搽药，将他的镜片装好。

在离园前的谈话活动中，吴老师和小朋友们讲到小林子受伤的事情。小朋友们都发表了自己的看法，有的说拿拖鞋不能挤，有的说拿拖鞋后要看两边有没有人，不能跑。有的说拿了拖鞋之后可以往右边走，这样就不会撞到别人了。

吴老师将小朋友的意见进行总结，再次强调拿拖鞋环节的安全注意事项，并跟幼儿约定，拿好拖鞋的小朋友往右边走回活动室，要拿拖鞋的小朋友从左边到鞋柜拿拖鞋，这样就不会碰到或者撞到。为此，吴老师还和小朋友们一起寻找了班级存在的安全隐患，并和幼儿一起设计了标识，挂在有隐患的地方，提醒小朋友平时要特别注意安全。

一学期下来，小二班小朋友们健康快乐成长，在老师的指导下，安全意识和自我保护能力得到了极大提高，家长和园长的满意度都很高，以下是小二班班级安全工作总结（表3-2）。

表3-2 小二班安全工作总结

班级老师	班主任：吴老师 协教：刘老师 配教：张老师 保育员：邱老师
幼儿人数	33人
本学期班级出现的安全事故	无
本学期班级主要开展的安全工作及收获	1. 认真学习和落实安全教育。组织教师认真学习上级转发的各种安全教育、安全检查等文件，通过学习，让大家树立"安全责任，重于泰山"的思想，同时强化班级各项安全工作管理措施，及时发现和消除一切安全隐患，做到安全工作万无一失。 2. 严格执行接送制度和交接班制度，做到人人心中有数，落到实处。 3. 认真做好了晨、午检工作，杜绝幼儿携带危险物品入园。 4. 认真做好安全工作记录，班级教师每天对班级环境中存在的安全隐患进行检查登记，做到及时发现、及时解决，有效防止了安全事故的发生。 5. 建立了良好的班级常规，通过随机谈话、环境创设、安全教育活动等形式，提高了幼儿的安全意识和自我保护能力。如，怎样远离危险物品，阳台上的安全、夏天饮食安全等。 6. 每周固定时间用紫外线对教室、寝室消毒，用消毒液擦洗幼儿桌椅、玩具等，并对幼儿生活用品定时进行消毒，确保幼儿安全使用，有效杜绝了手足口病的传播。 7. 联合家庭开展安全教育，提高幼儿的自我保护意识。如固定人员接送，签字离园、及时联系等，使家长放心。 一个学期以来，班级教师安全意识很强，在日常工作中非常注意班级的安全工作，认真做好各项安全记录。本学期班级内没有出现任何安全事故，确保了班级幼儿在和谐、温馨的环境中健康、快乐地成长。
本学期班级主要存在的问题	1. 在家园沟通和交流过程中，存在个别家长娇纵孩子，导致孩子任性、而家长又不配合的情况，对班级的安全教育工作提出了新的挑战。 2. 个别幼儿自控能力差，平衡能力弱，容易出现摔倒、碰伤等安全事故。 3. 有个别幼儿存在攻击性行为，应当特别关注，如奇奇、瀚瀚、润东、轩轩等。

续表

	1. 进一步加强个别幼儿行为习惯的培养。 2. 在家园联系栏中开辟"安全教育"专栏，丰富相关安全教育知识及采取的相关措施、方法，使家庭教育与班级教育紧密配合，达成家园共识，使幼儿的安全意识进一步提高。 3. 严格执行幼儿接送制度和交接制度，保证幼儿的安全。 4. 充分利用社会资源和家庭资源，开展安全教育活动，进一步丰富幼儿的安全知识，不断提高幼儿的自我保护意识。
下学期将采取的措施	

案例思考：

1．幼儿园班级常规管理工作中存在哪些安全隐患？

2．案例中的老师通过哪些途径开展了幼儿园班级安全管理工作？

案例3-2　室内区域活动安全管理——灯灯切到手了

班级基本信息：大班，35名幼儿（男孩18名，女孩17名）

孩子们升大班了，李老师在做班级区域设置和区域游戏材料投放的规划时跟配班周老师、谭老师商量，看是不是加一些有挑战性的新区域或者投放新的游戏材料，满足幼儿的发展需求。谭老师说幼儿进入大班后，要重点培养生活习惯和学习习惯，为上小学做好准备。建议生活区增加系鞋带、叠毛巾、整理物品等内容，为上小学后学会系红领巾、整理书包和文具做准备；科学区多投放数字的分解与组成方面的材料。周老师提议增加表演区。孩子们现在可以看懂一些绘本，对一些文学作品中的人物也很感兴趣，经常还会说几句作品中的台词，可以用表演区来进一步激发幼儿的阅读兴趣。李老师非常认可大家的建议，自己也提出一个想法，看能不能将孩子们野餐区的游戏材料从小、中班玩的仿真玩具改为真实的刀具，因为很多孩子反映仿真刀具不好用，切不动食材。

周老师认为可以，因为孩子们玩了2年野餐区，之前使用仿真刀具已经很熟练了，换成真实刀具没问题，相信孩子们有这个能力。

谭老师也支持将仿真刀具换成真实刀具，建议做好家长的工作，征得家长同意，毕竟真刀还是有很大的安全隐患。老师们在达成协议后，又征求了家委会的意见，没想到现在的家长育儿观念也不那么保守了，基本上认可野餐区提供真刀给孩子们游戏的想法。

于是，李老师先组织幼儿进行集体谈话，告诉班级幼儿，老师们准备把仿真刀具改为真实刀具的想法，孩子们听到老师的提议，大部分幼儿表示愿意换真实刀具，因为仿真刀具太不好切了，切水果要用很大力气，切出来也不好摆盘。少数幼儿不同意换成真的水果刀，因为水果刀很尖锐，切到手会流血、也会很疼。当孩子们争执不下时，有孩子提议投票表决，谁的票数多听谁的。于是李老师组织幼儿进行了投票，投票结果，愿意用真实水果刀的票数居多。于是，老师们决定在野餐区投放真实刀具。

组织区域游戏活动时，根据分工，李老师主要负责表演区、建构区、运动区；谭老师主要负责语言区、科学区、美工区；周老师主要负责生活区、野餐区、种植区。

周老师在规划游戏观察与指导工作时，认为种植区和生活区，孩子们基本上能根据图示自主游戏，没有什么安全隐患。但是野餐区投放了真实刀具、水果蔬菜、锅碗瓢盆等材料，安全隐患大很多，所以周老师决定重点关注野餐区，方便有紧急情况时第一时间赶到幼儿身边，生活区和种植区在教师视线范围内，确保能第一时间掌握幼儿的动态。同时为了确保安全，周老师就野餐区的活动，事先和班级幼儿商量了几个规则。

1. 计划到野餐区游戏的幼儿需提前一天挂区域牌，并在家画好游戏计划，准备好食材、餐盘和其他餐具。

2. 在幼儿游戏前一晚，家长需指导幼儿正确使用刀具，并指导幼儿在家练习使用刀具切水果、摆盘。

3. 游戏当天早上，家长协助幼儿检查野餐需要准备的物品，将幼儿游戏计划和准备的材料发照片给老师，老师根据幼儿游戏计划做相应准备。

区域游戏前，周老师会组织幼儿一起讨论使用刀具的方法、注意事项。区域游戏过程中，周老师会观察，并通过视频、照片等方式记录幼儿游戏情况。游戏结束后，周老师也会组织幼儿进行游戏回顾与总结。如果发现存在安全隐患的做法，周老师会引导幼儿讨论当时发生了什么，幼儿是怎么做的，大家认为这样做有哪些危险，应该怎么做。经过一段时间的试点，周老师发现，其实孩子们使用真实刀具野餐也能使用得很好，真实刀具、真实水果、真实野餐，孩子们参与兴趣特别浓厚，每天都有许多孩子想要到野餐区参与活动。因为幼儿基本上已有安全意识，平时也积累了使用刀具的经验，所以一直都没有出现安全事故。

这一天，灯灯和排排都选择了野餐区。灯灯是个活泼的男孩子，非常好动，也喜欢和男孩子们打打闹闹，这是灯灯第一次选择野餐区。排排是个细致、专注的女孩子，特别喜欢到野餐区游戏，已经参与过几次野餐区活动了。周老师发现她使用刀具特别熟练。正式游戏时，灯灯在左边切土豆，排排在右边切西红柿。

周老师发现排排切西红柿时特别细致，当西红柿块儿粘在刀具上时，细致的排排还知道停下切的动作，用左手轻轻地将粘在刀上的西红柿块儿剥离下来。当西红柿快切完时，排排知道将扶着西红柿的左手拿开，直接在砧板上切剩下的部分。周老师正在用手机记录这一刻，突然听见"哇"的一声。周老师回头一看，灯灯正哭着跑向老师，旁边一些小伙伴陪着他一起跑过来，边跑边喊："老师，灯灯切到手了，流血啦！"老师一看，灯灯食指上正流着血，便马上带灯灯到医务室处理，保健医生查看了一下灯灯的伤情，消完毒后告诉周老师："伤口并不深，没什么大事。"但是灯灯却号啕大哭，直叫："好痛、好痛！我流了这么多血，会不会死掉呀？"周老师连忙安慰他说："没事，没事，一点小伤，明天就好了。"但灯灯还是情绪崩溃，大哭不止。周老师见灯灯一时半会情绪无法控制，就安慰灯灯说："你如果还想哭一会，就再哭一会，哭好了再来找老师。"其他幼儿看灯灯手上的血止住了，医生和老师都说没事，也就都散了，各自回到区域玩游戏去了。灯灯看着伙伴们玩得很开心，注意力被转移，也就不哭了。

周老师看灯灯情绪已经稳定下来，就问灯灯整个事情发生的经过，是怎么切到手的。灯灯说他切的土豆圆溜溜的，太滑了，左手没按住，一滑就切到手了。

接下来，周老师在游戏总结的时候，将灯灯受伤的手给小朋友看了，并请灯灯再次讲了当时手被切到的情形。周老师问幼儿："请你们说一说灯灯为什么会切到手。"有的幼儿说："土豆太圆了，容易打滑。"有的幼儿说："是灯灯自己手没用力抓稳土豆。"还有幼儿说："灯灯没掌握切土豆的方法。"周老师问用什么方法不会切到手时，有幼儿提议："先把土豆切成两半，然后平的一面放在砧板上，土豆就不会跑了，这样就不会切到手。"有的幼儿说："切土豆的时候要特别认真，眼睛一定要盯着刀子，不能分心看别的地方。"然后周老师根据幼儿的讨论，再次总结了使用刀具的注意事项。

之后，周老师跟灯灯家长取得联系，原原本本将当时发生的情况告诉了家长，包括灯灯的伤情、医生的判断、灯灯切到手之后的情绪表现及事后大家的建议。家长对灯灯切到手的事表示理解，对幼儿园老师的处理也很满意。

下班前，李老师组织班级老师研讨了灯灯切到手的事情，周老师反思了在组织安排上的不足：

1. 灯灯是第一次玩野餐区，老师在区域观察幼儿游戏状态时应重点关注。

2. 老师在区域观察幼儿活动时站位有问题，不应该只观察一部分幼儿，应站在区域内能观察到全体幼儿的位置。

根据这起事件，周老师提出了整改措施：

1. 对野餐区孩子工作的位置进行调换。将两位切菜的幼儿调整到在同一条直线、两人互不干扰的位置，这样方便教师同时观察到两位幼儿的游戏情况。

2. 教师应重点关注第一次到野餐区游戏的幼儿。

3. 所有的幼儿都要在教师视线范围内。

案例思考：

1. 野餐区有哪些安全隐患？

2. 我们可以通过哪些策略防范事故的发生？

3. 请你评析案例中周老师的行为。

案例3-3 户外游戏活动安全管理——五层梯子要怎么收

班级基本信息：大班，33名幼儿（男孩16名，女孩17名）

又要轮到大五班玩户外游戏了，幼儿都很期待，唐老师提前一天请幼儿回家后将游戏计划制订好，并画好带到幼儿园来，第二天小朋友们一起分享。吃早餐时孩子们就在议论自己的游戏计划，三三两两、叽叽喳喳。平时就有很多点子的莫莫和辉哥聊得眉飞色舞，看来他们今天会有"大手笔"。

吃完早餐，唐老师组织幼儿集体谈话，请幼儿分享自己的游戏计划，并听一听其他幼儿的计划，看看自己想跟谁一起玩？玩什么？怎么分工？莫莫第一个举手，说他要搭一个超级高、超级长的盘旋栈道，盘旋在高空中的栈道高高低低，很刺激，想要跟他玩的小朋友可以一起玩。丽丽想要和好朋友们一起到迷宫区玩打地鼠游戏。丁丁想要到丛林探险……小朋友们都谈了自己的游戏计划。在展示了各自的游戏计划之后，三五成群地组成了游戏小分队，有的跟莫莫一起组队搭超级栈道，有的跟丽丽一起打地鼠，还有的跟丁丁一起丛林探险。

老师们根据幼儿游戏活动的区域范围进行了分工，唐老师负责操场前坪莫莫玩的超级栈道这个大区域，朱老师负责后面操场迷宫区域，谭老师负责大型滑梯、攀爬区、丛林探险区域。

谈话活动之后，唐老师提醒幼儿在户外活动时要注意安全，搬不动的材料可以请多个小朋友一起合作。推安吉箱的时候，要看看前面或者周边有没有小朋友，以免压到人。从三层以上的梯子上跳下来一定要有安全垫。材料选择除了六层的梯子太高，孩子们移不动之外，其他材料都可以选。

谈话完毕，孩子们各自根据分工选择自己想要的材料，老师们也都到了自己的站位。唐老师在操场前坪看到，想要一起搭栈道的莫莫、秋秋、跳跳、纪鑫、辉哥和婉新聚到了一起，他们简单地进行了分工，莫莫搭前面的高山和栈道入口，辉哥和纪鑫搭中间高高低低的盘旋栈道，秋秋、跳跳和婉新一起搭栈道的滑梯出口和塔台出口。只见他们陆陆续续搬了一些高高低低的梯子、木板和安全垫。浩大的工程吸引了其他小伙伴，好几个孩子都过来主动打下手，帮忙搬材料，加入超级栈道的搭建工程。搭建的时候，每完成一段工程，莫莫都要测试一下安全性。很快，超级栈道完成。这是大五班搭建的最长、最高、最刺激的栈道，吸引了一大批幼儿前来挑战。小朋友们乐此不疲地攀爬、高空平衡走、滑下或者跳下。唐老师一直在旁边观察、记录，关注着孩子们的动态。

一小时后，游戏结束的铃声响起，收材料的时间到了。全班幼儿开始收拾身边的材料，有的拖、有的抬、有的抱、有的拎、有的推，匆忙又有序，唐老师的视线转向班上其他幼儿。突然听见"嘭"的一声响，只见莫莫把五层的梯子往地上一推，梯子摔到地上。幸亏周围没有幼儿，没人受伤。唐老师快步走向前，问莫莫："莫莫，你刚才为什么要推梯子呀？"莫莫看到唐老师的表情激动中带着一丝着急，感觉自己做错事情了，怯怯地回答："我在搬梯子呀！""你是这样搬梯子的呀？""我想把梯子放倒之后，再收拢来，这样轻松一些。"唐老师问："那你刚才将梯子先推倒再收拢，发现了什么问题吗？"莫莫说："先推倒，再收拢，我发现推倒后梯子发出的声音很大。"唐老师说："是的，先推倒再收拢的话，因为推倒的梯子是三角形状，倒下来的梯子没在一个平面，很容易摔坏，而且其他小朋友如果不知道你在收梯子，不小心经过这里，很容易被砸到的，这很危险！"莫莫这时低下了头。唐老师说："没关系，幸亏这一次旁边没有小朋友。唐老师再跟你示范一下正确收梯子的办法，你认真看，一会你再按照唐老师收梯子的方法，把所有梯子收好，多练习几次，你以后就能掌握搬梯子的方法了。"说完唐老师给莫莫示范了搬梯子的方法：先拉左边安全绳，使右边的梯子重叠在左边梯子上，整个梯子收拢成一个平面。然后扶着梯子慢慢往地上放倒，最后把梯子收到存放处。莫莫仔细观察唐老师的做法后，认真练习，虽然速度有点慢，但是一直坚持将所有的梯子收好后再回班级。

回到班级之后，唐老师跟大家回顾了游戏的精彩画面，表扬了幼儿的精彩表现，同时也展示了莫莫收梯子的照片。唐老师请其他幼儿谈一谈先放倒梯子再收拢会有哪些危险，之后，请莫莫示范正确收梯子的方法，还让他谈了收完梯子之后的心情和想法。莫莫说："将梯子收拢之后再搬梯子，看上去麻烦，多练几次就好了，我也从收梯子中学到了要细心，不能偷懒。"

案例思考：

1. 户外区域游戏中存在哪些安全隐患？

2. 我们可以通过哪些策略防范事故的发生？

3. 请你评析案例中唐老师的行为。

任务二　班级安全工作管理流程

幼儿年龄小，活泼好动，什么事情都想去尝试，对接触到的危险事物常常意识不到其危险性，更缺乏自我保护能力，往往会诱发危险因素，因此，在日常生活及户外活动中很容易导致一些意外伤害事件。幼儿教师要从活动前的安全预防、活动中的安全管理及活动后的安全总结三个环节，进行班级安全工作管理。

活动前的安全预防	⇒	活动中的安全管理	⇒	活动后的安全总结

一、活动前的安全预防

（一）制定预案，清晰流程

要做好幼儿园班级安全工作管理，教师心里首先要有一本账，知道每天的工作内容存在哪些安全隐患，可以通过哪些途径和手段进行防范，遇到问题后的处理流程等。一般来说，幼儿园会有专人负责园所安全管理工作，制定安全工作预案。班级老师要清楚每项安全工作预案的内容和流程，根据园所安全工作预案制定本班的安全工作预案，规范流程、明确职责，做到遇事不慌。

一般来说，班级应急预案包括领导小组、各负责人及工作职责，应急处理流程与要求等部分内容。以下是某班级意外伤害事故应急预案。

意外伤害事故应急预案

本着幼儿身体健康和生命安全第一的指导思想，为了最大限度地保护儿童安全健康，减少和控制伤害事件的发生，按照《托儿所幼儿园卫生保健管理办法》《托儿所幼儿园卫生保健规范》要求，结合我园具体情况，特制定应急预案。

一、意外伤害事故应急指挥领导小组

组　　长：李园长

副组长：王主任（保健主任）　方主任（后勤主任）

成　　员：三位年级组长

二、意外伤害事故的预防

1. 幼儿园要利用家长会、宣传栏等各种宣传机会向家长宣传安全工作的重要性。

2. 教师在组织体育活动时，应主动加强保护措施，运动前的准备活动要充分。

3. 保健医生要定期对幼儿进行健康体检，了解幼儿的体质健康状况，对于不适合体育运动的幼儿，要及时告知各班班长。

4. 幼儿园体育器材设施应符合规定标准，确保使用安全，并由专人定期检查和维护。

5. 教师在组织教学活动时，幼儿必须在教师的视线范围内活动，教师不得脱岗。

6. 教师组织活动时应充分考虑场地、设施、交通安全，活动前应对幼儿进行安全教育。

三、意外事故应急处理程序

1. 幼儿园内发生幼儿伤害事故时，在场的员工应立即向保健医生、办公室人员报告。老师应负责保护现场，不要随意搬动病人。发生意外人身伤害事故后，所有当事人要首先保护幼儿，临危不惧，沉着应对。

2. 保健医生应在最短的时间内赶到事故现场，同时安排现场的其他老师及时向应急领导小组报告。班内教师或保育员及时通知家长。

3. 指挥小组组长、副组长负责及时拨打医疗救护电话120、公安报警电话110、火警电话119。（组长不在，由副组长负责）

4. 保健医生安排现场人员迅速排除致命和致伤因素：如果是触电意外，应立即切断电源；清除受伤幼儿口鼻内的泥沙、呕吐物、血块或其他异物，保持呼吸道通畅；对发生伤害事故的幼儿进行神志、呼吸、心跳、脉搏及局部的仔细检查。如有呼吸心跳停止，立刻进行心脏按压和人工呼吸，直至医院的救护人员赶到现场进行处理；有创伤出血者，应迅速采取有效措施止血；有骨折者用木板等临时固定，并根据具体情况及时转送伤病员到附近医院，途中随时注意观察伤病员病情变化。

5. 副组长在接到幼儿伤害事故报告后，应立即安排车辆在离现场最近的地方待命，以保证及时转送受伤幼儿。

6. 保健医生应在受伤幼儿转诊后，立刻记录当事人的姓名、性别、年龄、所在班级、接到事故报告的时间、赶到现场的时间、采取的救助措施等。

7. 事故现场的老师应记录事故发生的时间、地点、经过；当事人的姓名、年龄和联系方式；意外伤害事故应急指挥领导小组应及时写出事故报告，报上级有关部门。

8. 门卫要在第一时间将所有的大门打开。

各幼儿园或班级制定应急预案，主要是明确负责人及工作职责、明确流程与要求，图3-1是几种典型活动应急处理程序：

（一）户外活动

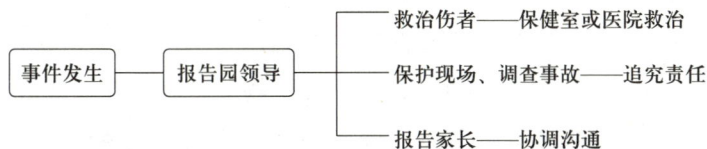

（二）园外集体活动

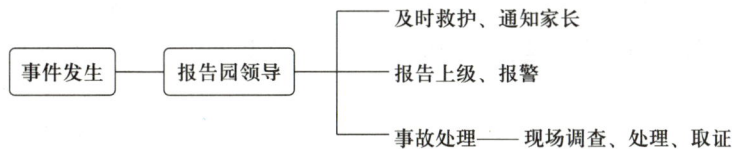

（三）火灾

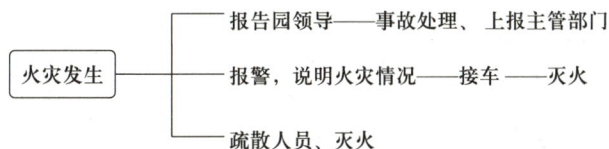

（四）食物中毒

（五）传染病

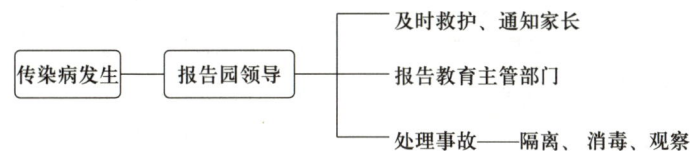

（六）踩踏事件

（七）地震

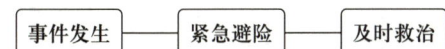

图3-1　典型活动应急处理程序

（二）排查隐患，填写台账

　　班级教师上班第一时间要检查班级环境、设施设备、物品等存在的安全隐患，检查幼儿着装、口袋、书包等，以免幼儿把不安全物品带到幼儿园或者衣着不合适发生安全事故。发现问题要立即处理。同时班级老师也要梳理班级一日活动安排。活动过程中如果存在安全隐患，要及时采取防范措施。班级教师之间要相互提醒与配合，杜绝安全事故的发生。如果幼儿园有校车接送或者需要给幼儿喂药等情况，一定要填写好安全台账，避免出现将幼儿遗漏在校车上或者喂错药等重大安全事故。

---

1. 来离园环节中存在的安全隐患

（1）幼儿接送、交接不到位

（2）幼儿携带危险物品来园

（3）幼儿穿着不合身的衣服来园

（4）幼儿在园服药不当或者漏服，对患病儿照看不周

（5）晨间活动时，幼儿处在教师视线盲区

（6）离园时教师组织不当，引起混乱局面

（7）离园后，孩子在园内玩耍，脱离家长视线，发生危险

---

2. 盥洗环节中存在的安全隐患

（1）卫生间设计不合理，有台阶等安全隐患

（2）教师站位不合适，有视线盲区

（3）教师组织不当，幼儿推挤打闹、玩水等，造成地面湿滑，容易摔倒

（4）热水器调控不到位，饮用水水温不合适，容易烫伤幼儿

---

3. 进餐环节存在的安全隐患

（1）鱼刺、骨头等扎伤咽部

（2）食物过烫

（3）食物吸入气管

（4）餐具使用不当，戳伤五官

（5）幼儿口中含饭引起窒息

（6）对过敏体质幼儿照顾不周

---

4. 午睡环节存在的安全隐患

（1）幼儿在睡眠室或楼道追逐打闹，发生冲突

（2）床间跑动、摔倒

（3）幼儿睡姿不正确，造成窒息

（4）幼儿将有危险的物品带上床

（5）上、下午班教师交接不清，对患病幼儿照顾不周

5. 过渡环节存在的安全隐患

（1）室内外交替，上下楼梯，容易发生危险

（2）室内外活动未清点人数，容易发生幼儿走失事故

6. 户外活动中存在的安全隐患

（1）户外活动场地不合格，设施老化等导致的潜在危险

（2）户外活动时幼儿衣着不合适

（3）户外活动中的器械安全隐患

（4）户外活动组织中教师管理疏漏，容易造成隐患

7. 教育活动中存在的安全隐患

（1）分组活动交接过程中，幼儿人数核查不清，或其他原因导致幼儿独自离开

（2）幼儿使用座椅不规范，坐姿不规范

（3）教具使用不当

（4）活动组织时间过长

（5）教师教学方法不当

（6）光线亮度与室温不适宜

8. 区域活动中存在的安全隐患

（1）教师巡回指导幼儿游戏时，个别幼儿趁教师不注意，打闹、争抢材料，引发意外

（2）误食逼真游戏材料

（3）美工区材料使用不当，误伤自己

（4）科学区打碎玻璃制品或有毒实验材料

（5）建构区拼摆时误伤自己

（三）合理分工，确定站位

活动过程中，教师之间要做好分工，确定各自的站位，使所有幼儿都在教师的视线范围之内，班级教师清楚每一位幼儿的动向。对可能存在安全隐患的地方，教师要站在幼儿身边，直至安全隐患解除。如户外活动中，老师发现幼儿游戏危险系数高时，要站在幼儿身边，或能把全部活动幼儿纳入自己视野范围之内的地方，以备幼儿可能发生意外时，教师能立即解除危机。在【案例3-2】中，灯灯切到手时教师的站位就有问题，教师在拍排排用刀用得好的视频时，背对着灯灯，看不到灯灯的动态，没有及时提醒灯灯调整切土豆的方法。如果当时教师站在同时能观察到灯灯和排排的位置，在拍排排切西红柿视频的同时，同时观察灯灯的用刀情况，一开始就发现灯灯手上土豆不好切，以恰当方式介入指导，可能灯灯就不会切到手。灯灯切到手之后，老师能反思站位和游戏空间布局的问题，及时做调整，使所有幼儿都能在老师视线范围之内，能有效杜绝幼儿切到手的现象。这个案例凸显了教师分工和站位的重要性。

二、活动中的安全管理

（一）观察记录，巡回指导

幼儿活动时，教师要做好观察记录。可以记录幼儿安全意识强、很好地处理了可能存在安全风险的一些好做法；也可以记录幼儿没有安全意识，导致安全风险增大或者造成安全事故的一些场景。如某老师观察幼儿在户外活动中挑战"迷宫围墙上搭建滑梯"，以木板当作滑梯，搭在迷宫围墙上，幼儿从高处往低处滑下来，这个活动有一定安全风险，教师立刻站到滑梯旁，以防木板滑落时幼儿跌倒，也能让老师在第一时间抱住幼儿。同时，老师发现，有的小朋友安全意识强，在搭建滑梯时，知道在当作滑梯的木板接触地面的地方加一块板子挡住，利用板子与地面阶梯的距离把木板卡紧，固定好，再从高处往低处滑。活动结束后，老师把视频播放给幼儿看，请幼儿谈谈这种做法的好处，以此提高幼儿的安全意识。在【案例3-3】中，老师发现莫莫收拾材料方法不当，及时予以制止，并向莫莫示范正确收梯子的方法，要求莫莫多次练习，就是教师在观察幼儿活动时，及时发现问题，及时指导，有效防范了安全事故的发生。

视频：户外体育活动中的安全调控

（二）重点关注，适时引导

在幼儿开展活动过程中，教师要重点关注需要特殊照顾的幼儿，适时予以引导。如在【案例3-2】中，灯灯是第一次到野餐区用真刀切土豆，教师就要特别关注。因为这时教师对灯灯是否具备使用真刀的技能还没有把握，加上切土豆本身难度就比较大，在灯灯和排排同时玩野餐区时，教师第一时间关注的应该是灯灯的刀具使用情况，根据情况做出判断。如果观察到灯灯用刀熟练了，再去拍能熟练使用道具的排排的活动，情况就完全不一样了。

教师在活动过程中需要重点关注的幼儿有：身体不适的幼儿、体弱儿、有攻击性等不能很好控制自己的行为或者情绪的幼儿、精神状态不好的幼儿、有特殊疾病需要特别关注的幼儿、第一次进入某个活动区或第一次操作某种工具，动作还不够熟练的幼儿等。尤其是对体弱儿或者需要特殊照顾的幼儿，教师在交接班时要做好详细交接，以免因为教师疏忽大意，发生安全事故。

（三）发现问题，及时处理

教师发现安全隐患要立即处理，紧急情况要报告园领导，班级幼儿突发疾病或者其他异常情况时，要及时与家长联系；如果问题不严重，不需要送医治疗，教师交接班的时候也要交代清楚，以免接班老师不了解情况，没及时关注到幼儿情况，造成安全事故。

（四）重大意外，启动预案

如果发生重大意外情况，要立即启动应急预案，各负责人按照工作职责和流程要求妥善处理，救助当事幼儿，安抚其他幼儿的情绪。

三、活动后的安全总结

（一）总结研讨，改善提升

班级发现安全隐患或者出现安全事故，教师和幼儿要认真总结、梳理，研讨防范与改进策略。【案例3-2】中，老师们都针对班级安全情况进行了研讨。既有教师之间的研讨，也有教师与幼儿之间的讨论。师生共同努力，做好安全工作。

（二）联系家长，发挥合力

发生安全事故或者发现安全隐患，教师一定要与家长联系。一是要将真相告诉家长，不要隐瞒或者回避问题。一般来说，教师的真诚沟通能够让家长产生信任感，更容易取得家长的支持和配合。二是要从促进幼儿发展的角度进行沟通和商讨，正所谓"吃一堑，长一智"，老师、幼儿和家长都能在这些安全事故中进一步提高安全意识，学到更多的安全规则、获得更多的成长，才是最重要的。家园目标一致，更容易形成教育合力，才能更好地保证幼儿的安全、健康成长。

任务三　班级安全工作管理要点

　　班级安全管理工作比较细碎，教师一定要增强安全意识，落实安全工作制度，努力把安全防范工作做实做细，防患于未然，确保幼儿安全。

一、安全意识要强化

　　安全大于天，每一位学前教育工作者都要树立安全意识，将安全工作放在首位，将安全教育融入幼儿一日生活的每个环节，把好幼儿晨检关、接送关、服药关、午睡关、食品卫生关、户外活动关。

　　比如，在晨检时要认真做到"一问""二摸""三看""四查""五记录"，及时检查幼儿有无携带不安全的物品，如若检查到危险物品，如"豆子、曲别针、刀片"等，要及时告知家长，把物品交还给家长，消除安全隐患。离园时要严格执行接送卡制度。对陌生的接送人，坚持"一问二看三放行"的原则，要分别询问接者与孩子的关系，反过来再与孩子对证，看陌生人是否讲得与孩子一致。仔细核对查看孩子的接送卡，判断真伪，还要与家长打电话确认，确保幼儿接送安全。

二、排查隐患要细致

　　幼儿园活动开展前，要检查场地、设施设备安全。同时，教师之间做好分工，明确各环节和内容的要求。教师保持高度的警惕性和责任心，根据分工，在指定位置站好，确保所有幼儿在教师视线范围内。活动过程中巡回观察幼儿行为表现，对容易发生安全问题的地方做到心中有数，提醒幼儿不做危险动作，为幼儿答疑解惑，帮助幼儿解决问题和解决纠纷。

　　排查安全隐患时要细致，尤其注意要站在孩子的角度来思考问题。比如，新闻中曾报道，某幼儿觉得好玩，将头伸到幼儿园某游乐设施的扶手处，结果拔不出来了，后经消防人员使用破拆器材对扶手进行扩张才将其救出。某些缝隙大人钻不进去，但是孩子则很有可能钻进去卡住头，所以，教师要以孩子的视角来审视各个场地、设施设备等的安全性，将安全工作做实做细。

三、工作流程要规范

幼儿园的各项工作流程是在总结经验、不断优化的基础上建立起来的，严格按照工作流程操作，能有效预防和规避大部分安全事故的发生，因此，教师要按照工作职责和要求，规范工作流程。

（1）活动开展前，教师根据活动内容、要求、范围，确定活动场地，检查场地、设施设备的安全性，如有隐患及时处理。

（2）教师根据各类活动的内容、孩子活动的区域以及场地的布局、材料的使用情况等做好班级内老师的分工，确保关注到每个重点环节、重点区域和重点幼儿，确保全体幼儿都在教师视线范围内。

（3）根据活动的内容、情况科学组织幼儿活动。可以采用分组的方式进行活动，方便教师分小组进行观察；也可以通过共同制定标识、图示等提醒幼儿，规范幼儿的行为。

（4）教师要向幼儿详细交代活动的内容、要求和材料的正确使用方法，告诉幼儿哪些地方有安全隐患，正确的做法是什么。可以由教师示范正确做法，幼儿自行练习，教师再根据情况抽查可能还没学会或者平时大大咧咧、安全意识不强的幼儿；也可以请能力强的幼儿示范正确的做法。活动开始前，再请个别幼儿总结注意要点。

（5）活动过程中做好观察与指导，发现问题第一时间处理。

（6）清点人数。如果有场地转换，要检查幼儿的穿着是否合适，精神状态和情绪情况，以及水杯等需要随身携带的物品准备情况，注意上下楼梯、转换场地时的安全。幼儿场地转换完成，教师一定要清点好人数，避免因遗漏而导致出现安全事故。

四、工作台账要完善

好的台账能够规范教师行为，指导教师工作，减少安全事故的发生。教师可以根据工作内容和要求，设计表格工具，做好工作台账，防范意外事故发生。

比如，据新闻报道，夏天某幼儿在乘坐幼儿园校车入园，被遗留在校车里，结果车内温度不断升高导致该幼儿身亡。如果该校车司机及跟车教师建立工作台账，就能有效避免类似事件的发生。

拓展学习

一、《中华人民共和国民法典》的相关内容

《中华人民共和国民法典》被称为"社会生活的百科全书"，是新中国第一部以法典命名的法律，在法律体系中居于基础性地位，也是市场经济的基本法。以下是《中华人民共和国民法典》中有关安全责任的相关内容：

第一千一百七十六条 自愿参加具有一定风险的文体活动，因其他参加者的行为受到损害的，受害人不得请求其他参加者承担侵权责任；但是，其他参加者对损害的发生有故意或者重大过失的除外。

活动组织者的责任适用本法第一千一百九十八条至第一千二百零一条的规定。

第一千一百八十八条 无民事行为能力人、限制民事行为能力人造成他人损害的，由监护人承担侵权责任。监护人尽到监护职责的，可以减轻其侵权责任。

有财产的无民事行为能力人、限制民事行为能力人造成他人损害的，从本人财产中支付赔偿费用；不足部分，由监护人赔偿。

第一千一百八十九条 无民事行为能力人、限制民事行为能力人造成他人损害，监护人将监护职责委托给他人的，监护人应当承担侵权责任；受托人有过错的，承担相应的责任。

第一千一百九十八条 宾馆、商场、银行、车站、机场、体育场馆、娱乐场所等经营场所、公共场所的经营者、管理者或者群众性活动的组织者，未尽到安全保障义务，造成他人损害的，应当承担侵权责任。

因第三人的行为造成他人损害的，由第三人承担侵权责任；经营者、管理者或者组织者未尽到安全保障义务的，承担相应的补充责任。经营者、管理者或者组织者承担补充责任后，可以向第三人追偿。

第一千一百九十九条 无民事行为能力人在幼儿园、学校或者其他教育机构学习、生活期间受到人身损害的，幼儿园、学校或者其他教育机构应当承担侵权责任；但是，能够证明尽到教育、管理职责的，不承担侵权责任。

第一千二百条 限制民事行为能力人在学校或者其他教育机构学习、生活期间受到人身损害，学校或者其他教育机构未尽到教育、管理职责的，应当承担侵权责任。

第一千二百零一条　无民事行为能力人或者限制民事行为能力人在幼儿园、学校或者其他教育机构学习、生活期间，受到幼儿园、学校或者其他教育机构以外的第三人人身损害的，由第三人承担侵权责任；幼儿园、学校或者其他教育机构未尽到管理职责的，承担相应的补充责任。幼儿园、学校或者其他教育机构承担补充责任后，可以向第三人追偿。

二、相关法规

1.《国务院办公厅关于加强中小学幼儿园安全风险防控体系建设的意见》国办发〔2017〕35号。

2. 教育部办公厅关于印发《中小学幼儿园应急疏散演练指南》的通知 教基一厅〔2014〕2号。

3. 教育部公安部国家安全监管总局《关于加强农村中小学生幼儿上下学乘车安全工作的通知》教基〔2007〕12号。

实践园地

思考与练习

某日中午,南通市某幼儿园小三班幼儿在活动室午餐,三位老师均在活动室陪护幼儿用餐,先用完餐的胡某某独自跑到活动室里面的寝室玩耍,意外发生窗帘绳缠颈导致窒息。园方发现后迅速送医治疗,虽经全力抢救,但因伤情严重,胡某某于第二日早晨不治身亡。一个鲜活的生命,刚刚到世上几年,还没来得及好好看看这世界,就匆匆离开,令人深感悲痛。如果老师提前排查幼儿园存在的安全隐患,将窗帘绳索系到幼儿触碰不到的地方,意外是否可以避免?如果教师做好分工,保证幼儿均在教师视线范围之内,事故发生第一时间教师就能制止幼儿行为,悲剧就不会发生。令人痛心的事故,再次警示幼教工作者,幼儿安全第一,责任重于泰山。

请结合材料分析,教师应如何做好班级安全工作管理,以保障幼儿的安全。

赛证真题

2014年下半年教师资格证考试真题

11. 老师在户外体育活动中如何保障幼儿安全?(简答题,15分)

【答题要点】

活动前,检查户外活动场地、玩具设施等,清除不安全因素;检查幼儿仪表是否整齐,衣袋有无尖利物品,增强幼儿的自我保护意识。同时要注意幼儿的着衣,活动前减衣服、活动后加衣服。

活动时,注意调节幼儿运动负荷,幼儿出汗要及时擦干,教师要四处巡回走动,及时纠正幼儿危险动作,聆听幼儿交谈、评价,发现问题及时给予指导和帮助。

活动后,要及时组织幼儿对活动过程中出现的一些危险行为进行讨论,使幼儿充分认识到存在的安全隐患以及该如何预防。

2019年全国高职院校高职组学前教育专业教育技能大赛题库试题

2015年12月14日第48次部长办公会议审议通过的《幼儿园工作规程》与1996年施行的《幼儿园工作规程》相比，强化了幼儿园安全管理，增设的一章为（　　）。

A.幼儿园的卫生保健　　　　　B.幼儿园的园舍、设备

C.幼儿园的安全　　　　　　　D.幼儿园的管理

【正确答案】C

项目四

4

有"质"——班级教育活动管理

学 习 目 标

知识目标：

- ☐ 了解班级教育活动的概念、特点和意义；
- ☐ 掌握班级教育活动的类型；
- ☐ 掌握班级各种教育活动的流程及具体要求。

能力目标：

- ☐ 能按要求组织集体教学活动；
- ☐ 能按要求组织室内区域游戏活动和户外游戏活动；
- ☐ 能按要求组织班级大型活动。

素质目标：

- ☐ 尊重幼儿身心发展的规律和学习特点，组织适宜的、多种形式的教育活动，促进幼儿的身心全面、健康地发展。
- ☐ 尊重幼儿的主体性，在各种教育活动中细致观察，给幼儿提供适宜的帮助和有效地指导。
- ☐ 具有创新意识，能根据幼儿的兴趣开发丰富有趣的教学和游戏活动，给幼儿提供更大的发展空间。

□ 作为专业的教育工作者，本着"一个都不能少"的担当和教育情怀，在各种教育活动中关注个别差异，保证每一个孩子的健康成长。

知 识 框 架

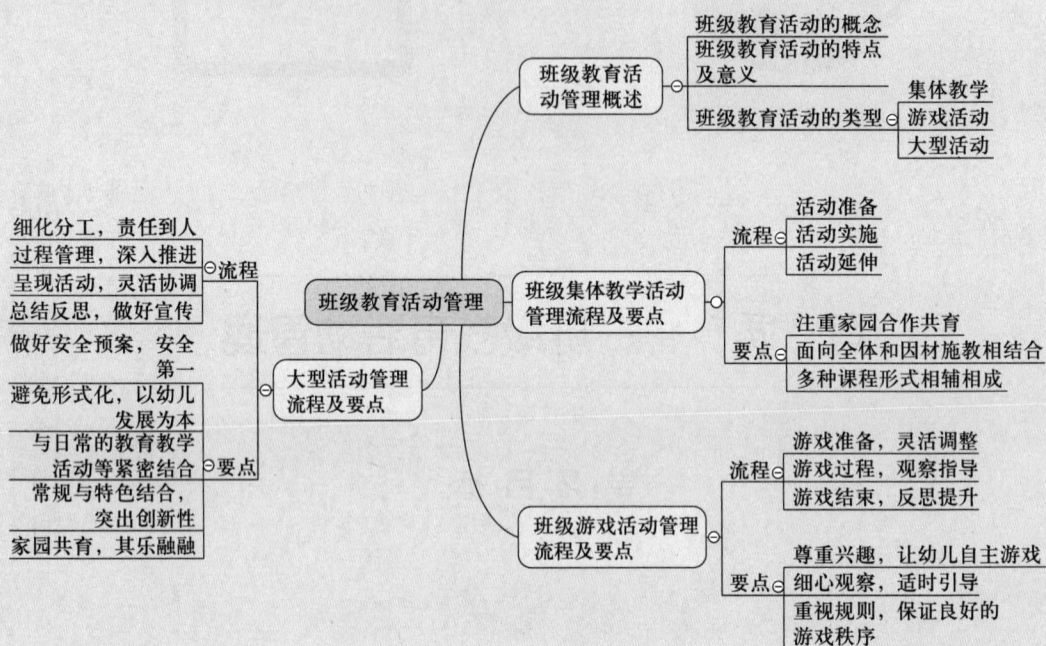

班级教育活动管理概述

一、班级教育活动的概念

《纲要》中指出："幼儿园的教育活动，是教师以多种形式有目的、有计划地引导幼儿生动、活泼、主动活动的教育过程。"这里的"教育过程"包含了幼儿在园的一切活动，是广义的幼儿园教育活动概念。它是幼儿园教育的基本形式，也是幼儿园课程的实施载体。它的主体是幼儿，表现为引发幼儿积极参与、主动探索并大胆表现的形式多样的教育活动系列，旨在促进幼儿全面健康和谐发展。幼儿园教育活动基本上以班级教育活动来执行或呈现。

班级教育活动是一种以游戏为主的活动，贯穿在一日生活的各个环节。幼儿通过具体活动中的感知和体验来学习，而不是像小学生一样主要坐着听、看、思考。幼儿身心发展特点决定了幼儿不可能长时间地保持注意力的集中。对于幼儿而言，生活是重要的学习内容，也是重要的学习途径。班级教育活动从入园起开始发生直至离园结束，渗透在生活环节的每时每刻、方方面面，为学前儿童的全面发展提供可能，是实现幼儿园教育目标的重要保证。

二、班级教育活动的特点及意义

班级教育活动对学前儿童的身心健康、和谐发展具有重要意义。学前儿童的学习是综合的、整体的。幼儿园班级教育活动能够帮助儿童获得大量的感性经验。教育并不仅仅关注学前儿童获得了多少知识，而在于"学前儿童到底是怎么样习得知识和经验的"，即"他们到底是怎样学习的"。总的来说，具有三个方面的突出特点：

（一）游戏化

游戏是学前儿童的基本活动，是学前儿童最喜爱的活动，也是学前儿童生活的主要内容。《幼儿园工作规程》第二十九条明确指出："幼儿园应当将游戏作为对幼儿进行全面发展教育的重要形式。"这要求我们在进行班级活动时，要充分考虑学前儿童爱"玩"这一特点，实现幼儿玩中学。

（二）体验化（活动化）

"儿童的智慧就在他的手指尖上"。幼儿是在活动中学习的，只有建立在直接经验基础上的学习才是理解性的学习。学前儿童在亲自摆弄、操作、感知客观事物的过程中，可以从不同角度、不同方面认识事物的外部特征，进而发现事物之间的联系和变化，获得丰富的感性经验。《指南》中也强调，要让孩子"常常动手动脑探索物体和材料，并乐在其中"。因此，教师应为幼儿创设丰富的活动情境，创设有利于幼儿自发、主动探究的活动氛围，选择一些能操作、多变化、多功能的玩具材料和废旧材料，在保证安全的前提下，鼓励学前儿童多观察、多探索和多创造。

（三）生活化

生活化是指班级教学要贴近幼儿的生活，带给孩子更多的直接经验。班级教育活动贯穿在一日生活的各个环节。要努力营造与幼儿生活相一致，密切贴近幼儿生活，让幼儿在生活中学习，认识周围环境、人际关系，获得基本经验，以更好地适应现实和未来生活，在生活中得到发展和成长。

班级教育活动的意义表现在以下五个方面：

（1）增强幼儿体质，培养其健康的生活态度和行为习惯。

（2）激发幼儿的好奇心和探究欲望，发展其认知能力。

（3）增强幼儿的自尊、自信，培养其社会态度和行为，促进其个性健康发展。

（4）提高幼儿语言交往的主动性，发展语言能力。

（5）丰富幼儿的情感，培养初步的发现美、感受美、表现美、创造美的情趣和能力。

三、班级教育活动的类型

从班级管理的角度来说，班级教育活动主要可分为生活活动、集体教学、游戏活动及大型活动四种类型。生活活动在项目二班级常规工作管理当中已经详细阐述，本项目不再赘述。

（一）集体教学

集体教学是指从幼儿的兴趣和实际水平出发，根据幼儿园教育目标，在教师有目的、有计划地引导下，全班幼儿同时学习相同内容的教学形式。它主要解决的是教师如何"教"、幼儿如何"学"的问题。

相对于其他教育形式来说，集体教学有着独特的优势：

1. 集中性与统一性

集中性与统一性，即活动是全体参与的，有统一的活动目标和活动要求。教师能在特定的时间和空间里，充分利用各种教育资源，使全班幼儿在短时间内获得相应的教育信息，并在原有水平上得到发展。

2. 目的性与计划性

集体教学要从帮助幼儿积累生活的感性经验出发，其内容和途径贴近幼儿的实际生活，教学设计针对幼儿生活中出现的问题，解决幼儿的实际需要。强调教师在教学过程中注意通过教学丰富幼儿的有益经验，帮助幼儿学习并适应生活，获得粗浅的知识经验，拓展他们的视野。

3. 游戏性和情境性

教师在组织集体教学时可以借助一定的游戏或情境，帮助幼儿保持注意的持久性，唤起幼儿的相关经验和感受，促进幼儿在情境中积极地交往、活跃地想象、主动地表达。

（二）游戏活动

游戏是幼儿的基本活动。通过游戏，儿童可以发展运动、想象、创造、解决问题等方面的能力，获得快乐的情感体验。学会沟通，学会生活，形成健全的人格与健康的体格，成长为身心和谐发展的人。游戏活动则是指幼儿在幼儿园的玩耍活动，是一种自主、自由、能动的主体性活动。它是在整个教育目标的宏观指导下，在幼儿园中由教师组织开展的，是整个幼儿园教育中的基本活动和重要的组织形式。

从教育作用的角度来看，游戏活动可分为创造性游戏、有规则的游戏两大类。创造性游戏是幼儿主动地、创造性地反映现实活动的一种游戏，包括角色游戏、表演游戏、结构游戏。规则性游戏，又称教学游戏，是教师利用游戏的形式，为发展幼儿的各种能力而创编的、有明确规则的游戏，包括智力、音乐和体育游戏。

根据活动空间的不同，游戏活动可分为室内区域游戏和户外游戏。本节将对这两个游戏类型进行详细分析。

一般来说，游戏活动有以下特点：

1. 游戏是幼儿有兴趣的活动

在游戏中，幼儿总是在自己的能力和兴趣的基础上，自己来选择和决定做什么游戏、怎么做游戏以及和谁一起游戏。因此，游戏活动是建立在幼儿"兴趣"的基础上。

2. 游戏是幼儿自发自主的活动

游戏活动受兴趣支配的自发性，又决定了游戏是幼儿自我、自由、自主的活动。游戏体现了幼儿的需要，并且是受幼儿自主控制的。

3. 游戏的价值在于游戏过程

一种活动是不是游戏，关键在于幼儿能否从这种活动中体验到快乐与满足。幼儿专注的是饶有趣味的游戏本身，因此，在游戏过程中，游戏即产生了价值。

（三）大型活动

大型活动是指有目的有计划的、非个别班级师生参与的，具有一定规模的教育活动。它是幼儿园教育教学活动的重要组成部分，由园方根据幼儿园的实际情况具体制定的，如庆"六一"、春游秋游、运动会活动等。

大型活动一般分为以下活动：

1. 节庆活动："六一"、端午、元旦等节日庆祝活动。

2. 园庆活动：幼儿园开园典礼、周年庆典等活动。

3. 开学、毕业活动：开学典礼、毕业典礼等。

4. 体能活动：运动会、郊游、远足等活动。

5. 特色活动：根据幼儿园办园特色而开展的活动，如游戏节、艺术节、科技节、美食节、戏剧节等。

大型活动的形式也是多种多样的，如舞台表演、亲子游艺、慰问联谊、春游秋游、冬夏令营等。

相对于其他教育指导形式来说，大型活动有着独特的优势：

1. 鲜明的目的性

幼儿园的各项活动都应有明确的目的，大型活动因其涉及人员广，更应目的明确，使全园朝着目标共同努力。

2. 周密的计划性和操作性

大型活动参与的主要对象是幼儿，因此，策划者应针对幼儿身心发展水平低、无自我保护能力等特点，制定周密、详尽而具体的计划，由专人负责、责任到人。

3. 较强的社会互动性

众多人参与是大型活动的重要特点，但并不是参与人数多就是大型活动。大型活动和小型活动的根本区别不仅在于参与人的数量，还在于活动的社会化程度。

案例分析

本节共呈现四个案例，分别展示集体教学活动、室内区域游戏活动、户外游戏活动及大型活动是如何进行的。

案例4-1 集体教学活动——科学活动"慢慢长大"

班级基本信息：小班，12名幼儿（男孩6名，女孩6名）

［设计意图］

《纲要》指出教育活动应根据幼儿的生活经验开展。小班阶段是幼儿自我认知、自我意识初步形成的时期，有强烈的好奇心，对各种事物都比较感兴趣，尤其是对自己的身体特别关注。他们的内心都非常渴望长大，喜欢模仿比他们大的孩子和成人。为了让幼儿感受自己的成长，获得成长的快乐，教师设计了本节教学活动"慢慢长大"。

"慢慢长大"选自小班上主题三中的一节科学活动"棒棒的我"。这节活动旨在引导幼儿探究成长过程中的变化，感知和发现自己在慢慢长大，体验成长的快乐。怎样让幼儿理解"慢慢长大"的含义，是本次活动的难点，教师本着从幼儿实际生活出发的设计理念，创设五个教学环节，层层递进，帮助幼儿理解教学内容。

［活动目标］

1.情感目标：激发幼儿探究自己成长的变化和兴趣，感受成长的快乐。

2.能力目标：培养幼儿在观察、对比分析中，感知自己的成长变化。

3.知识目标：了解自己的成长变化过程，知道自己在慢慢长大。

［活动重点］

了解自己的成长变化过程，知道自己在慢慢长大，并感受成长的快乐。

［活动难点］

培养幼儿在对比观察中，感知自己的成长变化。

［活动准备］

1. 经验准备：父母提前给幼儿讲一讲幼儿小时候的成长故事。

2. 物质准备：

（1）成长宝盒：家长与幼儿一起装饰一个纸盒，贴上照片并标记日期，内装幼儿成长纪念册和幼儿小时候的衣物。

（2）大绘本：《慢慢长大》。

（3）课件：《慢慢长大》。

[活动过程]

环节一："宝盒"导入，分享交流——我"小时候"

1. 引导幼儿打开成长宝盒：观看"我的成长纪念册"和小时候的衣物，回忆自己的成长过程（图4-1）。

师：宝贝们快来看看，你跟爸爸妈妈一起做的成长宝盒就在这里呢。快来找一找哪个是你的？打开看看里面有什么？跟好朋友讲一讲你小时候的故事吧。

幼1：快看！这是我小时候用的奶瓶，真好玩！

幼2：这是我小时候穿的衣服，哈哈！太小了，现在穿不上了。

幼3：拿着自己小时候的虎头帽兴奋地跑来跑去。

孩子们看到自己的成长宝盒兴奋不已。

2. 个别分享：

师：看到小朋友们那么开心，有谁想跟大家来分享一下吗？

教师选取三件有代表性的物品请幼儿上台与大家分享。

（1）出示小衣服

师：这是你的衣服吗？那你来穿穿看，能穿上吗？

幼：穿不上了。

师：为什么穿不上？

幼：衣服小了。

师：衣服变小了，说明你怎么样啦？

幼：我长大了。

（2）出示幼儿小时候照片

师：这是谁啊？你们认识吗？是你吗？跟现在长得一样吗？

幼：不一样了，变了。

师：跟你们小时候照片比，变样了，变大了，说明你在慢慢长大。

（3）出示奶瓶

师：这是什么？做什么用的？你现在还用吗？为什么不用了？

幼：小时候没有牙齿，只能用奶瓶喝奶粉。

师：现在长大了，还用奶瓶喝奶粉吗？

幼：长了好多牙齿，可以吃好多食物，不用奶瓶喝奶粉了。

幼儿的观察力是多么细致啊！

图4-1　幼儿分享"成长宝盒"

环节二：对比婴儿，探索发现——我"长大了"（图4-2）

师：今天，老师请来了一位小客人，他还在用奶瓶呢，快来看看他是谁？

幼：小宝宝。

师：跟小宝宝和他的妈妈打个招呼吧！

幼：小宝宝好！阿姨好！

师：小宝宝快请坐，小宝宝长得可爱吗？

幼：可爱。

师：你小时候也这么可爱，你觉得小宝宝跟你比，长得怎么样啊？

幼：小小的。

师：哪里小？谁想来跟他比一比？你想跟他比哪里？

幼：手（脚、头、胳膊、腿、身高）。

师：谁的大？谁的小？

幼：小宝宝的小，我的大。

师：小宝宝也想快快长大，你们有什么好办法可以帮助他吗？

幼：多睡觉（多喝奶）。

师：我们问一下宝宝妈妈怎样让他快快长大吧？

宝妈：要让他好好吃奶、好好睡觉，就能快快长大，长得像你们一样强壮！

师：那我们快让他回家休息一下吧！下次再请他来玩。

教师结合PPT图片进行小结：跟小宝宝比，你的手变大了、脚变大了，个子长高了，身体强壮了。

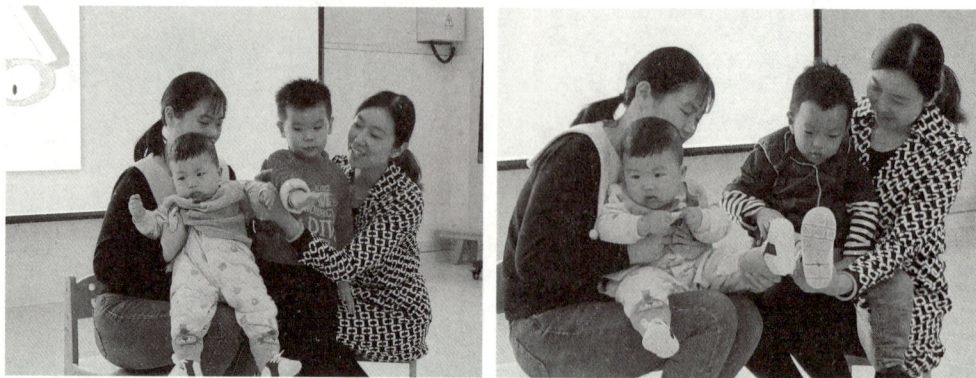

图4-2 我和宝宝比大小

环节三：视听结合，经验梳理——我"进步了"

引导幼儿发现自己的进步：自己的事情自己做。

师：其实，除了身体的变化，你还学会了好多本领呢。

吃饭：妈妈喂—自己吃

睡觉：妈妈陪—自己睡

师：你还学会了哪些本领？

幼：我会自己走路（我会自己喝水、我会自己上厕所……）。

师：除了自己的事情自己做以外，你还会帮别人做什么事情呢？

幼：我会帮妈妈擦桌子（我会帮小朋友穿衣服……）。

教师小结：

有的小朋友会帮妈妈扫地、擦桌子、给奶奶端水。

不但自己的事情自己做，还学会了帮别人做事情。

就这样，你们慢慢长大了、进步了。

环节四：绘本梳理，突破难点——我的成长

教师配合背景音乐朗诵绘本故事《慢慢长大》，请幼儿欣赏并了解自己的成长过程。

师：其实，你在妈妈肚子里时，就开始一天天长大了。从一颗小种子，慢慢长成一个胎儿。

附：自编绘本故事《慢慢长大》

刚开始你在妈妈肚子里，一天天慢慢长大。十个月后，你出生了。那时的你，好小好小，不会说话只会哭，妈妈给你喂奶、换尿布，悉心看护。四个月后，你长高了许多，还学会了翻身。六个月后，你长出了两颗牙齿，还学会了坐。八个月后，你又学会了一个新本领——爬。一岁了，在妈妈的帮助下，你学会了走路！你继续慢慢长大。三岁了，你来到了幼儿园，学会了画画、讲故事等许多本领。就这样，你一直在慢慢长大！

师：你是怎么长大的？是一下子就长大的吗？

幼：是慢慢长大。

教师小结：

从妈妈肚子里出生—会翻身—会坐—会爬—会走—上幼儿园，你就是这样在慢慢地长大（图4-3）。

图4-3　从小宝宝慢慢长大

环节五：回归生活，延伸探究——未来的我

1．合影留念

师：现在，你是小班的小朋友，明年你会升到中班，再过一年，你又会升到大班。你会越长越高，越长越壮。那时的你又会是什么样子呢？

请摄影师为我们合影留念，请小朋友把照片存到自己的成长宝盒里，到大班毕业时再打开，看看那时的你又会有什么变化？

2．活动结束

请幼儿带着自己的成长宝盒回班级，与更多的好朋友分享。

案例思考：

1．请总结，本次集体教学活动中，教师设计了哪些教学环节，采用了哪些教学方法。

2．假如你来组织本次集体教学活动，为了使教学内容更加生动有趣，你会怎样设计教学方案？采用哪些教学策略及方法？

案例4-2 室内区域游戏活动——区域问题对对碰

班级基本信息：大班，38名幼儿（男孩20名，女孩1名）

室内区域游戏活动时，主班教师负责班级内各个区域的巡视及为幼儿提供适时帮助；配班教师深入观察各区域幼儿的游戏情况，适时支持幼儿进行深度游戏。

室内区域游戏每天一次，每次大约30～40分钟。

孩子们升入大班，李老师根据幼儿年龄特点及兴趣，在班内原有区域的基础上，增设了小棋社，并结合现阶段正在进行的主题《文化大观园》投放了相应的游戏材料，如图书区投放了关于西游记的图书；建构区投放了天坛、长城、故宫等古代建筑的照片；益智区则投放了数的组成和加减运算的操作材料等。另外，教师还在图书区投放了适合大班年龄段的绘本，如幼小衔接系列《大卫上学去》、数学绘本《100层的房子》等。在区域的大框架布置好后，教师只需每天根据孩子的游戏情况，略微调整补充即可。

每天晚离园后，班内两位教师会一起分析当天室内各区域游戏中发现的问题，整理出区域游戏情况汇总表（表4-1）。

表4-1 室内区域游戏情况汇总表

区域名称		游戏开展情况及遇到的问题
美工区	绘画桌	孩子们能自主选择喜欢的植物进行写生活动。幼儿对刮画及刮画后出现的色彩较感兴趣，但刮画笔较细，孩子们用的8K刮画纸均未画满。
	手工制作桌	发现孩子们对折桃子兴趣不高，玩一会儿纷纷离去，也没有人折出桃子。
自然角		孩子们从自然角选择喜欢的植物，搬到美工区进行写生，兴致盎然。
益智区		"套戒指"材料难度大，很多幼儿在拿到写有算式的戒指后，无法口算出结果，导致后期出现乱戴戒指的情况。其他材料，如平衡小人、拼拼乐、多米诺骨牌等，深受幼儿喜爱。
建构区		幼儿正在结合近期主题活动《文化大观园》进行亭台楼阁的搭建活动，近期孩子们对搭建天坛充满浓厚兴趣。
图书区		幼儿近期对《西游记》的故事饶有兴趣，图书区的《西游记》图书火热阅读中。
表演区		性格涵养课程中《颜回吃粥》的故事深受幼儿喜爱，近期幼儿沉浸在颜回、孔子、子贡的故事中，越学越带劲。
小棋社		升入大班后，幼儿对各类棋充满浓厚兴趣，最近喜欢上了飞行棋、斗兽棋。室内区域活动时小棋社是炙手可热的区域。

针对出现的问题，老师们共同研讨，最后制定出解决办法：

1．可在益智区补充辅助材料，"套戒指"游戏中算不出的幼儿能通过操作辅助材料，直观地看到运算后的结果，帮助他们顺利完成游戏操作。

2．配班教师在美工区手工制作桌，定点观察幼儿折桃子情况，加强折纸技能指导。

3．美工区绘画桌投放16K的刮画纸，供幼儿选用。

第二天，区域游戏时间到了，教师先介绍今天开放的区域及美工区、益智区的材料调整情况：

1．益智区的套戒指游戏增加了辅助材料，可通过摆弄辅助材料，轻松得知戒指上算式的结果。

2．美工区投放了新的刮画纸。

游戏开始了，幼儿在欢快的音乐声中开始自主选择区域。他们拿起写有自己名字的进区牌，把进区牌挂在自己喜欢的区域门口，便快速进入区域中开始自己的游戏。

今天，王老师值主班，李老师值配班。区域游戏刚开始，王老师负责巡视幼儿选区情况，李老师则在美工区定点观察幼儿。

小朋友纷纷到自己喜欢的活动区活动。只见佳航来到益智区想玩玩具，可是已经没有他的位置了。他在益智区四周转了一圈，又来到图书区、小棋社、表演区……各个区的位置都被小朋友们"占领"了，这可怎么办呢？只有美工区的手工制作桌上还有空位。他看到了，但却在远处矗立着，一动也不动，眉头一皱，嘴巴撅得老高。这时，王老师走上前去，问明原因，并建议他去折纸角，其他区域可以下次再去。佳航也没有别的办法，只好很不情愿地坐在了那里开始折纸了。

王老师又来到益智区，她看到益智区的《套戒指》游戏旁边围了很多孩子。有了辅助材料的帮助，幼儿便很快算出戒指上的算式，然后把戒指套在对应数字的手指上，因为在套戒指的过程中他们可以用辅助材料摆一摆、数一数，所以很快便形象、直观地算出了结果。有了辅助材料的帮助，很多幼儿对这一游戏又重新燃起了兴趣，在摆摆、玩玩中练习了数的加减运算。

"这是我先拿到的，你为什么和我抢？""老师，尚东抢我的玩具！"循声望去，原来是尚东、盛泽在争抢小棋社新投放的飞行棋。王老师刚要上前去制止，却又停下了脚步。只见两人都死死地抓住飞行棋，谁也不松手。此时一旁的大白见状大声地说："你们都别争了，我们可以一起玩啊！走，我们一起去下棋吧。"盛泽马上点头说好，可尚东却有些不情愿，最后看了看老师说道："嗯，好吧。"他们一起来到桌子边开始下棋。在下棋过程中，大白发现尚东、盛泽对飞行棋的玩法不是很明白，就耐心地给他们讲解，手把手地教他俩玩。他们越下兴致越高，三个人沉浸在飞行棋大战中。

在美工区绘画桌上，16K的刮画纸更适合幼儿。他们用心勾画着自然角的水竹和绿萝，纤细的刮画笔刮过纸上，千姿百态的叶子、弯曲的藤蔓被纤细的线条栩栩如生地勾画出来。

在美工区的手工制作桌上，小朋友们正在练习折桃子。只见晨曦、好好两人拿起粉色正方形纸，晨曦看着步骤图折，好好看着ipad折，可折来折去，谁也折不出双三角形。她俩停了下来，东看看西看看，正要准备离开的时候，佳航在王老师的建议下来到了美工区。佳航也拿过ipad看起了视频，看完后折来折去也没有折出双三角形。这时李老师拿过ipad，把《桃子》的视频调成慢速播放，并对他们使了个眼神，示意他们再看看视频，不一会儿工夫，好好便折出了双三角形，紧接着晨曦、佳航也成功了。有了成功的经验，他们都喜欢上了折桃子，整个区域活动时间都沉浸其中，佳航起初来时的不情愿也早已烟消云散了。

表演区《颜回吃粥》已经上演，孔子、子贡、颜回动作到位，语言表达清晰，表演得有模有样，台下的导演一诺更是专注投入。在表演游戏中，幼儿的指挥能力、协商能力、合作能力展示得淋漓尽致。像本次表演游戏中的导演一诺就是一位指挥能力很强的幼儿，因此教师只需要静静地观察即可，而有时表演区缺少指挥能力强的幼儿时，则需要教师适时引导。

图书区的幼儿享受地坐在自己拼搭的小沙发上，翻看着绘本《西游记》。

建构区里，李老师看到泽善、嘉良在建造天坛的过程中遇到了难题，楼梯在建造过程中一次次坍塌，李老师及时将这一幕拍下照片。

游戏结束的时间到了，老师开始播放结束的音乐。

音乐声响起，幼儿开始收拾玩具，整理归位。只听到建构区"哗啦"一声，王老师闻声望去，积木散了一地，天坛倒塌了，王老师走过去询问缘由，泽善说："老师，尚文给我们推倒的。"王老师问尚文，尚文承认是自己做的，但不说缘由。这一情形已经不是第一次了。李老师肯定了尚文勇于承认错误的态度，拍下建构区积木撒落一地的照片，准备在结束环节与孩子们讨论这一问题。接下来，幼儿将积木按标识分类收放到相应的积木箱里，美工区的幼儿将自己的大作放置到了展台架上，把刮画笔放回笔筒，把写生植物放回到自然角的花架上，图书区的幼儿将图书整整齐齐地摆放到图书架上，表演区的幼儿将服装脱下挂好，益智区的幼儿把玩具收到篮子里，并按篮子上的标识一一放到相应的玩具橱里。随着音乐声结束，所有幼儿回到了自己的座位上。

接下来，王老师拿着美工区的作品与全班幼儿分享，请大家说说自己喜欢哪件作品，为什么？幼儿在分享交流中发现了植物生长之美及写生的技巧。随后，王老师将在建构区拍的照片投屏到大屏幕上，请泽善、嘉良介绍自己的作品。介绍完后，教师追问："在建构过程中遇到什么问题？"泽善道出了楼梯坍塌的问题。李老师引导孩子们进行讨论，仍然没有找到有效的解决办法。最后，李老师建议幼儿回家后请爸爸妈妈帮忙，介绍楼梯的构造并寻找解决方法。最后，王老师将建构区玩具撒落一地的照片投放到大屏幕上，请孩子们一起讨论这种做法对不对。大家通过讨论最终达成共识，推倒建筑物这一做法是错误的。以后小朋友之间互相监督提醒，建构区收玩具不可采用这种方法，若有违规者取消第二天区域游戏资格。

区域游戏结束了，孩子们分组小便、喝水。

案例思考：

1. 室内区域游戏有哪些环节？

2. 案例当中的室内区域游戏遇到了哪些问题？教师分别是如何处理的？

案例4-3 户外游戏活动——前院里的热火朝天

班级基本信息：中班，32名幼儿（男孩16名，女孩16名）

户外游戏时间到了，张老师、李老师正在组织中一班的小朋友分组喝水、如厕，然后站成两队。"请大家互相检查一下，衣服、鞋子、水壶是不是都准备好了！"张老师说。"老师，熙熙穿了高跟鞋！"熠熠来"告状"了。熙熙有点生气："我妈妈非让我穿的！""你走一下试试，脚舒服吗？"张老师问。"还行，也能跑，不过不如昨天穿的运动鞋舒服。"熙熙说。"好的，今天先穿一天，明天记得穿运动鞋哦！"张老师边说边在《家长随访记录本》上记下：联系熙熙妈妈换运动鞋。

"老师，我拉不上拉链！"泽泽着急地跳了起来。没等张老师说话，一旁的雯雯就跑过来说："我来帮你！""小朋友相互帮忙拉一下拉链，系扣子，不会的找韩老师帮忙。"张老师马上补充道。

随着《欢沁》欢快的音乐声响起，孩子们来到操场上。这周中一班的活动区域是前院，有综合活动区、丛林探险、平衡攀爬区、水池、自然乐园、滑梯等。张老师说："说说你们今天想玩什么呢？""我要去自然乐园，我们昨天建的城堡还没建完，我和一位哥哥，我们说好今天还去，泥巴还没干……"晨晨说。"那需要注意的问题有哪些呢？"张老师问，大家举手纷纷发表意见。在进行了一番讨论之后，大家都朝着自己喜欢的区域跑去。李老师、韩老师分别负责综合活动区和平衡攀爬区，张老师则留在自然乐园附近。

此时，操场上只剩下小悦站着没去玩，经过的老师都问她想玩什么，但她一直站在原地一动不动。张老师走过去拉住小悦的手说："快给老师帮帮忙，万象组合里的圆圈跑进海盗船里了，我钻不进去，你帮我去取出来吧！"小悦慢吞吞地走过去，钻进洞里，找啊找，终于找到了圆圈。她开心地笑了，递给老师。两个人拉着圆圈圈在平衡球上摇晃了半天，一不小心都掉了下来，两个人哈哈大笑。小悦一下子开心起来，又跑去找其他的平衡球了。

俊尧和鑫皓选择了综合活动区。俊尧看到旁边有两个像滑梯一样的滚筒，他开心地大喊起来："这个跟滑梯有点像，是什么玩具呢？""可能叫滑梯滚筒吧。"鑫皓说，两个人躺进滑梯滚筒里，十分享受。鑫皓看到旁边有人，就喊着："谁帮我们推呀？"

喊了半天没人来帮忙。"我来吧,我出去帮你推!"俊尧说。俊尧试了试没推动,又让鑫皓出来推,这时,伟宸小朋友也来了,他们玩得很开心。不一会儿,又吸引了更多的小朋友。越来越多的孩子们来玩这个滑梯滚筒。他们有的在外面推滚筒,有的在里面躺着享受。不一会儿,孩子又想到了新的玩法,原来,滚筒还可以转着玩。他们把滚筒转起来,玩起了转圈圈的游戏,越来越多的人跑过来。李老师一看滚筒不够用,灵机一动,一下子想起大班孩子喜欢的"玩杂技滚筒",正好没人用,赶紧招呼几个人一起运了过来。孩子们可兴奋了,有的趴在滚筒上面,用身体感受滚筒的转动,还有的孩子玩起了"小推车"游戏。"哈哈哈,快!前进!前进!"玉诺开心地喊着。开心在后面推着滚筒前进着,就像推着一辆小车。他们互换着角色,一遍又一遍地重复玩着。

而操场的另一边正在发生着一场"战争"。毛豆、小冷在争抢一根棍子,毛豆很用力地攥住棍子的一端,小冷使劲拉着棍子的另一端,两人边拉扯边说:是我先找到的,是我先找到的!迪迪跑过来,对着他们大声喊:我帮谁?眼看着小冷快拉过去了,他立刻抱住毛豆的双肩,帮着毛豆争抢。

张老师在附近看到了这一切,并没有制止。韩老师也看到了,不无担心地问:"都打起来了?"张老师笑着说:"多有意思!"看到张老师的神情,韩老师也笑了,二人饶有兴趣地继续观察。

文文、东东也赶来和小冷一起拉,边拉边喊着:快来帮忙!几个人都大喊:快来帮忙!天天也来了,文文试图让他帮忙,但天天没有加入抢夺,他似乎在观察情况。看了半天,天天摆着双手,做出停止的手势,说:"放下!等等!停!放手!"眼看没有效果,叹了一口气,话没说完就离开了。毛豆、迪迪也都跟着走了。

本来在一头的文文、东东、小冷,看到对手走了,三人开始各自发力,继续抢夺。迪迪笑嘻嘻又跑回来,他从后面抱住文文的双肩,文文回头说道:"你到我前面来!"迪迪马上转移到前面,边用力边说"嗖!嗖的一下!就能抢过来啦!"有了迪迪加入,剩下的东东、小冷又自动变成了一组,双方都用力拉棍子,就像拔河。东东见状,说:"我数3!2!1!"东东边数边顺势用力,这一下很有效果,棍子似乎要被东东两人拉过去,迪迪二人被拽了一个趔趄。四个人都不松手。忽然小冷看了一下远处,跑掉了。东东左右看看,继续抢夺,这时候又变成了东东和迪迪各抓着一头,文文挂在中间像抓单杠一样,一会儿蹲下一会儿躺下,死死抓住棍子,被棍子带着在地上转了一圈……

"战争"进行了六个回合,时而两方对峙,时而三方对峙;几个人时而是对手,时而是队友。经过又一轮的抢夺,最后文文拿到了棍子,大家都散开了。迪森开心地跺着脚说着:"棒!棒!"脸上露出了笑容。但文文并没有特别喜悦,反而显露出了小小的失落,好像没玩够的样子。

这时韩老师看到旁边有人吵了起来，迅速走过去。原来西西、小艺、小坤三人想玩滚轮胎，三个人吵得不可开交。西西想从兔子这头滚到小山那边，而小艺想从小山这边滚去兔子那头，小坤在旁边一直大叫"不要吵了！"韩老师走过去提醒道："等到'彩虹的约定'音乐一响，我们可就要回教室咯！"西西吐了吐舌头，三个人立刻停止争吵，最后达成协议：两个人先比赛，从兔子这头滚到小山那边，另一个人当裁判员，赢了的人可以去跳一次蹦蹦床。

小中气喘吁吁地跑到老师跟前："张老师不好了，小伟带头骑小车爬楼梯！"张老师赶紧走过去，发现小伟正骑着自行车卡在了楼梯上，其他人也在周围骑着车试图把车子弄上去。张老师不解地问："你们在做什么？小伟，难道你不知道自行车只能在行车道上行驶吗？""老师，我们在玩上山坡比赛，正在比谁先爬上山坡呢！""哦！那如何才能既顺利爬上坡又不发生危险呢？我们来一起想办法吧！"经过讨论，最终选择了把木板铺在阶梯上玩。孩子们爬上爬下，玩得不亦乐乎。可是很明显，山坡设置在楼梯上不太合适。"山坡设置在哪里更合适？"接下来大家一起去找适合做山坡的地方，最终在自然角的一处僻静的阶梯处给木板安上了"家"，正好，又创造了一处新的游乐场地。

再看玩滚筒的孩子，此时他们正在进行滚筒探索大创想。只见瑾瑜和欣妍玩起了"小司机"的游戏，瑾瑜说：我是个小司机，我们来比一比谁的"小车"开得最快！两个人一组将滚筒当作小车，一场"小车"比赛开始啦！这时多多和可乐说"我们来做一个滚筒隧道吧"，于是他们把滚筒连接在一起，变成了一个长长的隧道，他们试着在隧道里站了起来。可是，滚筒它不老实，总是滚来滚去的，怎么才能让它不动呢？"多多说："我帮你扶着，它就不会动了。"于是，他们几个小朋友扶着滚筒，其他孩子们继续玩。这时多多想到了一个好办法，他对可乐说："我们去搬几个轮胎过来把它挡住吧！"可乐说"好"，于是他们搬来轮胎，放在了滚筒的两侧。又开始了新一轮钻隧道游戏。

游戏结束的音乐响起，孩子们依依不舍地从滚筒里出来了。李老师说："孩子们我们要回家咯！可是滚筒怎么办呢？"孩子们会心一笑："我们也送它们回家吧！"可乐一说，大家奋力把滚筒各自送回了家。

其他各游戏区的小朋友也都快速结束游戏，把玩具送回了家。

回到教室，李老师组织小朋友坐好，一起讨论："今天你们玩的什么？发生了哪些有趣的事？""我们玩了小推车的游戏！"玉诺抢着说。大家纷纷描述自己的游戏。张老师特别邀请小悦聊一聊自己的发现，小悦说："平衡球有的是半圆的，有的是凹进去的，大半圆的平衡球比较好玩，凹进去的平衡球很容易跌个大跟头。"并做了一个跌倒的姿势，大家都哈哈大笑起来。最后孩子们用画画的方式记录了今天玩的游戏故事，和同组的小朋友分享。

此时，韩老师想起了"棍子争夺战"，忍不住好奇地问张老师："一般情况下，当孩子出现'打仗'行为时，老师们都是前去制止，为什么你没有制止呢？"张老师反问道："你看了'打仗'后什么感觉？"韩老师若有所思："很像我们小时候小朋友一起玩的场景，看着像打仗，其实也不是打仗。如果老师管了，孩子们一定失去了这个游戏的机会和乐趣……啊！原来这就是创设宽松的游戏环境啊，这就是尊重和信任！"韩老师恍然大悟道。张老师笑了："对，相信孩子、追随孩子，冲突也是成长的契机，只要保证安全，其他都不是问题。"想了想，张老师又说："力量的对抗让他们获得了快乐，或许我们应该组织他们进行一场拔河比赛了！"

案例思考：

1. 案例中的户外游戏活动经历了哪些环节？

2. 在每个环节教师分别做了哪些工作？有哪些特别需要注意的点？

案例4-4 大型活动——趣味运动会小记

班级基本信息：中班，36名幼儿（男孩19名，女孩17名）

［活动背景］

为增强幼儿体质，全面发展幼儿体能，涵养幼儿性格，促进幼儿身心全面和谐发展，幼儿园定于4月29—30日，召开幼儿春季趣味运动会。为庆祝建党100周年，本次运动会主题为"幼苗心向党，共筑强国梦"，要求各班根据幼儿生理、心理特点，举行别开生面的开幕式，开展融入传统游戏的运动项目。本着面向全体幼儿的原则，让活动和课程紧密相连，幼儿自主设计运动项目图标，自主报名选择运动项目，自主寻找比赛场地，发展幼儿的主动参与性，培养幼儿团结合作、勇于拼搏的竞争意识，让幼儿真正成为运动会上的小主人。

［赛前准备］

一、教师准备

幼儿园运动会方案出炉了，我们首先组织班级的三位老师召开会议传达园所方案，并就如何组织展开讨论。经过商议，首先确定人员分工：大李老师负责运动会班牌、班级吉祥物的设计和协调家长参加开幕式方队，小李老师负责运动会项目设计、幼儿报名，璇璇老师负责器械的准备、开幕式道具准备，三位老师分工，进行比赛项目训练。

二、幼儿准备

1. 设计比赛项目

今年的运动会方案明确提出，孩子们自主设计运动项目以及图示。为了充分发挥孩子们的自主性和创造性，小李老师首先做好了比赛设计计划：先让孩子们了解一般运动赛事的种类，积累经验，然后了解园里的体育器械可以锻炼哪些动作技能，最后让孩子们根据要求设计自己喜欢的运动项目。计划制定好后，小李老师设计了"我最喜欢的运动项目"调查表：包括我喜欢的运动项目是什么？它锻炼的是我们身体哪些能力？规则是什么？在哪里比赛？需要做什么准备？孩子们通过搜集有关的奥运会比赛资料和观看视频完成表格，然后分享。老师通过集体教学带孩子们了解跑步、跳高、体操、游泳等比赛项目的规则和特点，让孩子们积累比赛项目的直接经验。然后向幼儿提出任务：如何设计我们的比赛项目？孩子们经过讨论得出：首先明确要锻炼身体哪些能力，然后看看我们的体育器材有哪些可以用，怎么组合让比赛项目更有趣。制定了明确的方案后，小李老师带孩子们查看了幼儿园的体育器械，请孩子们自由设计比赛项目。每个项目至少用两种器械，训练走、跑、跳、钻爬、攀爬当中的至少两种运动技能。孩子们积极参加，并结合红色主题初步给设计的项目起名字。第一轮设计完成后，小组讨论再优化，然后班级共同表决选出6个项目后，由老师提交级部进一步讨论、确定。

2. 运动会报名

比赛项目经级部确定并上报幼儿园通过后，组织幼儿报名。每个人在项目栏里贴上自己的学号。有的项目报名人数超过规定人数，则组织幼儿进行选拔。最终形成报名表上交幼儿园。

3. 设计吉祥物、班牌，征集班级口号

什么是运动会吉祥物？为什么运动会要有吉祥物？你了解哪些吉祥物？为丰富孩子的前期经验，为设计班级运动会吉祥物做铺垫，大李老师首先做了调查表，让孩子们搜集资料，进行分享。然后组织了集体活动"设计我们的吉祥物"。大李老师带孩子们欣赏奥运会的吉祥物，了解奥运会的精神：更高、更快、更强、更团结。然后提出问题：你想用什么动物来做我们班级的吉祥物？给它起一个什么名字？代表什么寓意？孩子们纷纷开始了设计，男生的设计偏力量多一点，有犀牛、河马、老虎等动物，还有钢铁侠、奥特曼等动画形象；女生的设计偏技巧多一点：比如兔子代表跑得快；小鸟代表飞得高；小鱼代表游得快等，那么谁的设计能成为班级的吉祥物呢？大家说投票，经过第一轮投票，女生的意见比较一致：同意兔子作为代表女生的吉祥物。但是男生的投票中，赛赛设计的河马和畅畅设计的犀牛获得同样多的票数（图4-4）；怎么办呢？再进行一轮投票，他们两个男生分别拿着自己的设计各站一边，说一说自己的设计理念和寓意（图4-5），其他小朋友支持谁就站在谁的后面。经过投票，畅畅设计的犀牛获得了较高的支持率，这时候赛赛有点不开心，因为他设计的河马落选了。看到赛赛有点失落的样子，我问支持赛赛的孩子们：虽然赛赛的犀牛落选了，但是你们那么多人支持他的设计，一定有自己的理由吧，请说说你们觉得赛赛的设计好在哪里？你为什么支持他？"他画的河马很大，很好看。""他的河马看起来很强壮。""我也喜欢河马，它的嘴巴能咬动很硬的东西。"……听到小伙伴的赞美，赛赛的表情"由阴转晴"。同时老师也说："虽然你设计的河马没有入选，但是依然有很多的支持者，同时你也画出了自己心中代表了奥运精神的强壮河马！为你鼓掌！"接下来，孩子们为犀牛和兔子取名：壮壮和跳跳。每个男生女生都画了一只自己心目中最强壮、最可爱的犀牛和兔子，把他们一起贴在了班牌上（图4-6）。班牌做好了，我们又向幼儿和家长在班级群征集班级口号，经过大家集思广益，最终班级口号确定为：中二中二，独一无二，赛出精彩，数我最帅！

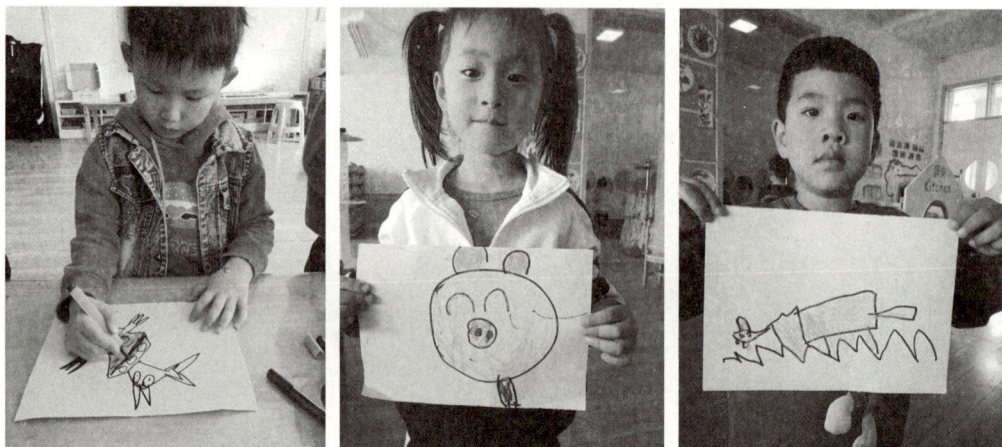

图4-4 第一轮——设计自己心中的吉祥物

图4-5 第二轮——投票选出班级吉祥物犀牛VS河马（男生设计）

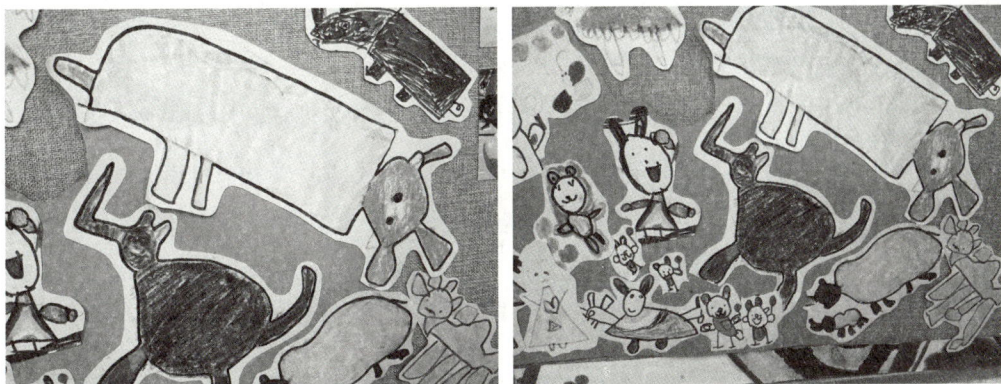

图4-6　第三轮——确定吉祥物（男生设计的犀牛和女生设计的兔子）绘制班牌

三、征集家长志愿者

鉴于疫情防控的原因，此次运动会没有组织亲子项目，但是班级需要拍照和辅助维持秩序的家长志愿者。经过报名，鑫鑫妈妈和威威妈妈成为运动会志愿者。

[全面备战，赛出精彩]

一、入场式排练

璇璇老师负责入场式的排练以及道具准备，为了符合庆祝建党100周年"幼苗心向党、共筑强国梦"的主题，经过与级部商讨，最终决定家长穿"红军"的衣服，由中三班的家长提供。孩子们穿每个班的班服，戴发带。发带由园所统一为幼儿购置。同时，组织幼儿推选班级"旗手"，在开幕式前，利用早操时间，加入口号进行队形练习，为开幕式做准备。

二、比赛项目训练

班级三名教师每人负责2项比赛项目进行训练。首先让幼儿观看教师录制好的比赛项目小视频，让幼儿明确规则和路线。训练时发现幼儿有更适合的项目，及时进行调整。通知幼儿坚持每日出勤，争取最好的训练效果。

三、比赛日安排

1. 下达通知，做好准备

在班级群下发通知，请家长为幼儿准备水壶、太阳帽，穿班服和舒适的鞋子。

2. 安全教育，遵守规则

比赛当天，首先对幼儿进行安全教育，提醒幼儿听从指挥、遵守规则、遵守比赛秩序，为其他小伙伴加油助威，营造良好的比赛氛围。

3. 全员参与，及时记录

来园幼儿全部参与比赛，由各级部辅助老师按报名表带幼儿到指定场地，比赛后及时带回幼儿。家长志愿者协助本班教师做好秩序维持和摄影工作。

[赛后总结，提升经验]

1. 颁发奖状，归还物品

为幼儿举行颁奖仪式，获得第一名的幼儿为"运动小明星"，其余名次幼儿为"运动小达人"，颁发完奖状后举行了集体合影，孩子们都荣誉感满满。班级保育老师归还班牌、号码牌等物品。

2. 讨论交流，分享感受

组织赛后交流讨论会，说说比赛过程中自己印象最深刻的事情，参加运动会的感受以及自己的收获等。

师幼讨论对话：

老师：运动会结束了，请回想一下，自己最难忘的事情是什么？

畅畅：我最难忘的是我们四个人一起获得了龙车比赛的冠军。

老师：你的心情是什么样的？

畅畅：非常开心。

老师：祝贺你们，还有谁想跟我们分享最难忘的事情？

依依：我最难忘的是我和耀林得了双人骑小车的冠军。去的时候耀林带着我，骑得有点慢，我心里很着急，感觉快输了；等拐弯的时候，换我带耀林，我就使劲快快骑，快快骑，终于追上了别人。最后我们得了冠军，我很开心。

老师：依依说得真好，说出了两种心情，当你们一开始落后的时候是很着急的，于是轮换后就用尽全力去追赶，最终获得了第一名就很开心，很激动。你看，在比赛过程中，我们的心情也是时刻变化的。还有谁的心情也有变化，能和我们分享一下吗？

小豆：老师一说比赛开始的时候，我很紧张，都不敢跑了。我看到小朋友和老师都给我加油，我就敢跑了。

老师：对，我看到，当小豆要爬梯子的时候，往后看了一眼，当时有些害怕和紧张对吗？后来在大家的鼓励下，他勇敢地战胜了自己，完成了比赛，我们为你鼓掌！孩子们，你们觉得在比赛中收获了什么？

清俊：收获了第一名！

老师：第一名值得庆祝，即使没得第一名，也肯定有很多收获，谁能分享一下？

依依：收获了友谊。

老师：对呀，你们在练习的过程中，和好朋友一起合作共同完成任务，收获了友谊。

沐沐：收获了很多奖状。

老师：是的，收获了很多的奖状，这是我们中二班小朋友一起努力得来的。你们每个人都用尽全力去比赛。我们是中班获得第一名最多的班级，我们每个人都做得很好，我们班就会很好。

通过这样的讨论和交流，让孩子们谈谈自己的感受和收获，无形中孩子们的自尊、自信就建立了起来。同时丰富了情感体验，也进一步强化了勇于挑战和超越自我的意志品质。

3. 梳理表征，提升经验

组织幼儿将运动会最难忘的事情和自己的收获进行表征，以图文结合的形式制作"运动·拾趣"课程主题版面（图4-7），通过反思和梳理提升幼儿经验。

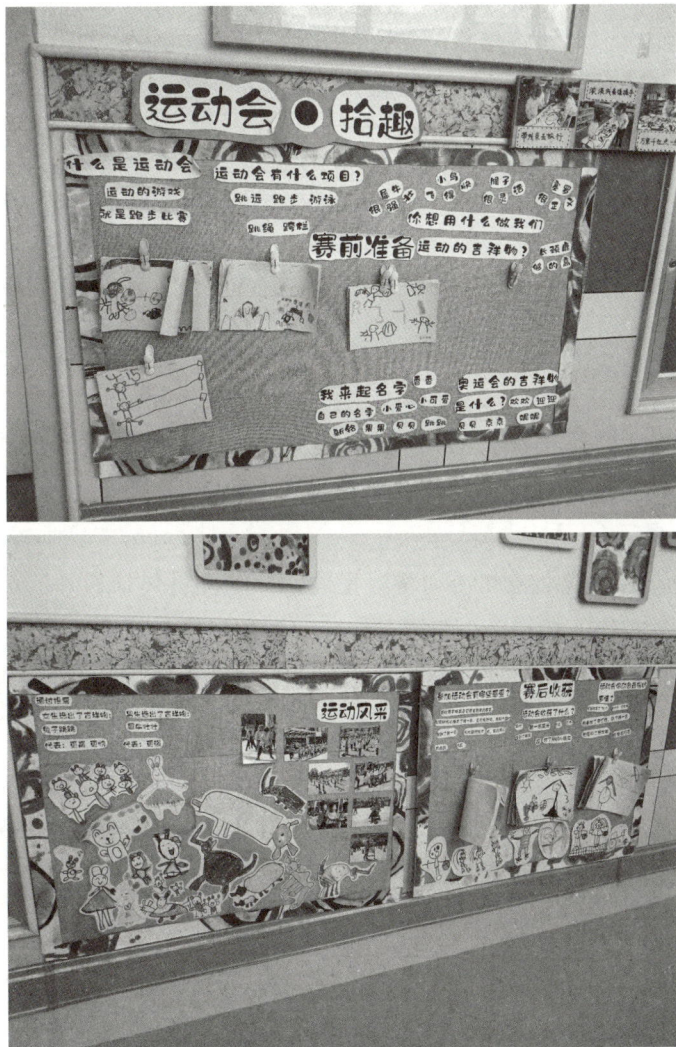

图4-7　运动·拾趣

案例思考：

1. 案例的教师在组织趣味运动会时，经历了哪些环节？

2. 每一个环节教师分别做了哪些工作？有哪些注意的要点？

任务二 班级集体教学活动管理流程及要点

一、班级集体教学活动管理的流程

集体教学的内容主要包含五大领域：健康、科学、社会、语言和艺术。一般来说，集体教学分为活动准备、活动实施、活动延伸三个阶段，由一位老师主持，其他老师协助进行。

活动准备 ⇒ 活动实施 ⇒ 活动延伸

（一）活动准备

活动准备包括两个方面：物质准备和经验准备，后者又包括教师经验准备和幼儿经验准备。

1. 物质准备

物质准备包括环境准备和活动材料投放。环境准备包括教学活动场地的选择，幼儿桌椅的摆放布局，情境的创设等。活动材料投放主要是指教师提前准备集体教学活动所需的所有材料，包括教师演示用材料和幼儿操作用的材料，有的可以发动家长、幼儿搜集，有的需要自制材料和教具。材料要符合幼儿的认知特点，吸引幼儿的兴趣、操作性强，能够很好地为教学目标服务。比如在集体教学活动《慢慢长大》之前，布置幼儿成长过程的主题墙，娃娃家投放幼儿小时候的衣服、用品，图书区投放《我的身体》《我是怎么来的》等相关主题绘本，以丰富幼儿知识经验。而体育活动"跨栏高手"则需要准备大的运动场地、设计梯子闯关的关卡等等。

2. 经验准备

（1）教师经验准备

① 选定主题，确定教学内容

教学主题和内容的选择有两个重要来源：一是依据教材。一般来说，幼儿园会为教师选购一两种教材以备教师使用，教师可以从教材当中选择符合本班幼儿兴趣和知识经验的内容进行讲授。二是来源于幼儿的生活。通过对幼儿的观察，了解幼儿的兴趣点，教师就可以设计相关主题的课程以拓宽幼儿的视野，进一步丰富幼儿的生活经验。比如，最近风比较大，教师可以组织幼儿学习了解风是怎么来的，并尝试对风向和风速进行测试等。

②撰写集体教学活动方案

教师根据教学计划确定教学内容之后，需要撰写详细的活动方案。活动方案是集体教学活动组织实施的集中体现，便于教师理顺集体教学活动的具体流程并进一步深化，使各个环节清晰呈现，活动得以顺利开展。在撰写教学活动方案时可遵循以下几个步骤：

第一，熟知幼儿原有经验与需求。教师要充分熟悉了解幼儿的特点，才能根据幼儿的个性特点更好地因材施教，促进全体幼儿的发展。

第二，认真钻研教材，明确活动目标。吃透教材是教师进行课堂教学的根本，除了教材重点、难点的把握，教师还应考虑教材的重组与延伸。教师在充分了解和分析教材的基础上，结合本班幼儿的实际，明确教学活动的目标。

第三，确定教学方法。相同的教学活动会有多种不同的教学方法，如何选择适合自己班幼儿的教学方式方法，在教学中有着举足轻重的作用。

根据幼儿的年龄特点不同，小班幼儿以具体形象，大班幼儿逻辑思维开始萌芽，所以，小、中、大各年龄班选择的教学方法也各有不同。小班以实际操作为主，如看一看、摸一摸等。

根据教学内容的不同，如科学类活动重在操作实验，艺术类活动重在感知体验等，要选择合适的教学方法。

（2）幼儿经验的准备

幼儿学习的目的以获得直接经验为主，集体教学是教师引导幼儿主动建构知识经验的过程。教师应在活动前和家长一起帮助幼儿积累经验，然后基于幼儿经验水平和最近发展区的理论设计活动方案，让幼儿的学习活动从被动学习走向主动探究。【案例4-1】中教师联合家长帮助幼儿做了充分的前期经验的准备工作，主要体现在环节一中"成长宝盒"的设计，教师请家长与幼儿一起装饰制作了幼儿自己的成长宝盒，一起搜集了幼儿小时候的衣物、用品，一起制作了幼儿成长纪念册并给幼儿讲一讲小时候的故事。在家长与幼儿的亲子互动中，帮助幼儿积累丰富的前期经验，激发起幼儿浓厚的学习兴趣。

（二）活动实施

幼儿园集体教学活动要想较好地实现活动目标，促进幼儿的发展，就要注意营造宽松、和谐的集体氛围。既要面向全体幼儿，注重常规培养，也要关注个别差异，因材施教。通过良好的师幼互动、幼幼互动，达到良好的活动效果。

1. 坚持面向全体幼儿

集体教学应该面向全体幼儿，教师的目光要环顾到每个孩子，一节课尽可能提问到更多的孩子。问题的设计既要有针对全体幼儿的，也要有针对个别孩子的。可以采用小组合作、交流讨论等多种形式，让每个孩子都有表现的机会。要准备充足的材料供幼儿操作，活动中注重对幼儿的观察指导，既要考虑能力强的孩子，又要照顾到能力发展暂时落后的孩子，让每个孩子在原有水平上得到不同程度的发展。

2. 注重建立良好的教学常规

良好的教学常规是活动顺利进行的基础，应该从入园开始进行常规培养，比如回答问题先举手、领取材料有秩序、别人发言认真听等，让课堂气氛活而不乱，在有限的时间内让集体教学的效果最大化。

3. 关注特殊儿童的安全和发展

集体教学面对的是班里所有的孩子，个别孩子可能会因为注意力集中时间短、好动、不合群等原因，无法正常参与集体教学活动，或者对集体教学活动的顺利进行产生不良影响。针对这样的幼儿，教师应该随时关注，可以采取课前沟通、课上鼓励、分配任务等方式引导幼儿融入集体教学活动中。还要与家长沟通，寻找问题产生的原因，向家长提出教育建议。家园携手，共同帮助这些幼儿尽快适应集体生活，积极参与集体教学活动。尤其要注意的是，当这些幼儿因无法控制自己而离开集体时，要随时关注其活动的状态，必要的时候要请其他老师来帮忙，确保他们的安全。

（三）活动延伸

活动延伸是指集体教学活动结束后，为了更好地服务主题教学，让幼儿充分迁移运用所获得的知识和经验，扩大集体教学活动的效果，教师要做的一系列主题延伸活动，主要包括以下几个方面：

1. 把教学材料和教具投放到区角活动中

集体教学活动中使用的活动材料，活动结束后可以投放到区角活动中，供幼儿继续探索、学习，以巩固集体教学的效果，也有可能生成新的教学活动。同时，集体教学活动中幼儿的一些作品可以用来装饰环境，让每个幼儿体验创作带来的成就感和价值感。

2. 及时向家长反馈集体教学活动的效果

集体教学活动结束后，可以选择合适的机会向家长反馈课堂教学效果，比如，班级群发送孩子集体教学活动的视频，家长空间上传孩子的作品，让家长体验到孩子的成长和进步。家长看到孩子的成长和进步，就会更加支持老师的工作，比如教师为后续活动请家长搜集材料时，也会得到家长更加积极的响应。

3. 教师要及时总结反思

集体教学活动中，教师除了活动前的精心准备、活动中的求真务实，也要做好活动后的反思总结，不断改进自己的教育教学方法，营造更加和谐的教育教学氛围，促进幼儿的发展，提升自己的专业素养。

二、班级集体教学活动管理要点

集体教学活动是幼儿园课程模块中的重要组成部分，教师要充分认识集体教学的重要性，发挥集体教学活动的作用，促进幼儿的全面和谐发展。在组织实施集体教学时，要重点遵循以下原则：

（一）注重家园合作共育

幼儿的学习和发展与家庭是密不可分的，因此，教师在组织集体教学时应充分利用家长资源，活动前与家长共同进行活动准备，活动中吸引家长积极参与，活动后及时向家长进行反馈，在良好的家园互动中共同促进幼儿的发展。除了家长资源，也要充分发挥社区资源的作用，为幼儿的发展创造有利条件。

（二）面向全体和因材施教相结合

集体教学既要面向全体，又要因材施教，既要考虑到班上幼儿的年龄特点和认知经验水平，熟悉"共性"，又要照顾个体差异，尊重"个性"，根据不同幼儿的发展情况灵活运用多种互动方式。对于胆小的幼儿，教师可以利用启发鼓励式互动，通过接纳的目光、耐心的等待，给予幼儿足够的鼓励与支持，让他们大胆地突破自己的舒适区，勇于挑战自己；对于思维特别活跃、积极的幼儿，教师可采用追随式互动，给予其有效的回应与引导，并根据幼儿的能力提出更高的要求，给予其更高的挑战，培养幼儿不断通过思辨来解决问题、勇于探究的能力，让不同发展水平的幼儿都得到最大程度的提高。

同时，教师也要重点关注注意力维持时间短、好动、难以融入集体教学的特殊儿童，及时与家长沟通，进行有效干预，引导幼儿适应集体教学，为将来的小学学习打下基础。

视频：集体教学活动中如何关注个体差异

（三）多种课程形式相辅相成

集体教学活动是幼儿园课程模块中的一个组成部分，它与区域活动、户外自主游戏活动、大型活动相辅相成。集体教学不是独立存在的，区域活动也可以作为集体教学的补充和延伸，户外游戏活动中生成的一些问题，教师也可带到集体教学中

和孩子一起探究、讨论。幼儿园组织的大型活动，如六一游园、新年联欢会、运动会等，也可以和集体活动有机结合。总之，课程的形式不同，但终极目标都是促进幼儿的发展，我们应该根据内容选择适宜的活动组织形式，不同的形式之间相互融合，互为支撑，以达到最佳教育效果。

班级游戏活动管理流程及要点

一、班级游戏活动管理的流程

班级游戏活动主要分为两种：室内区域游戏活动和户外游戏活动。两类游戏活动虽然空间位置不同，但都深受幼儿喜爱，更是幼儿自我学习、自我探索、自我发现、自我成长的重要活动，在组织管理的过程中也有诸多相似点，所以我们统一来阐述。管理的流程基本分为如下三个大的阶段：

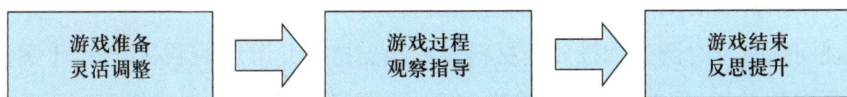

```
┌──────────┐      ┌──────────┐      ┌──────────┐
│ 游戏准备  │  ⇒   │ 游戏过程  │  ⇒   │ 游戏结束  │
│ 灵活调整  │      │ 观察指导  │      │ 反思提升  │
└──────────┘      └──────────┘      └──────────┘
```

（一）游戏准备，灵活调整

一般来说，游戏前，教师要进行场地和游戏材料的精心准备。

1. 室内区域游戏的准备

室内区域游戏要求教师首先布置好区域，并在区域游戏前，检查各区材料，根据幼儿的兴趣和游戏活动的需要及时填补或投放新材料。

（1）根据幼儿的兴趣设置区域

室内区域活动是一种以幼儿为主体，教师指导、支持为辅的活动。在区域活动中，幼儿的已有经验、能力及性格方面各有不同，会表现出不同的兴趣点。小、中班幼儿的思维以"具体形象性"为主，他们喜欢有趣的、美观的、色彩鲜艳的材料。具体可感、有趣的游戏情境，非常容易引发他们的游戏兴趣。如，益智区活动"母鸡下蛋"游戏，制作会下蛋的立体鸡妈妈造型、轻黏土制成的鸡蛋，对小班的幼儿来说具有很大的吸引力，大大激发了幼儿动手的欲望。立体鸡妈妈下蛋的通道设计与鸡蛋的大小刚好吻合，小班孩子满足于不断地塞鸡蛋，看母鸡下蛋，将鸡蛋轻轻地摆放在蛋格中，幼儿在游戏情境中快乐地点数，爱不释手。大班的幼儿特别喜欢有规则的竞争类游戏，比如棋类游戏。教师可在班内创设小棋社，在棋社内投放飞行棋、斗兽棋、五子棋、跳棋、自制棋等，幼儿在兴趣的带动下玩棋类游戏，自然而然地得到思维训练，提高棋类竞技水平，形成良好的心理素质等。因此，我们在设置区域时应根据幼儿的兴趣特点设置不同的区域。

（2）与日常教学活动有机结合

区域游戏还可以将日常未完成的教学内容、幼儿感兴趣的教学活动在区域活动中继续进行，满足幼儿的活动欲望，巩固相关的知识经验。【案例4-2】中美工区的折纸活动"桃子"是《文化大观园》主题的一个折纸活动，折出双三角形是本活动的重难点。因此，在区域中提供步骤图、视频，供幼儿反复揣摩学习是解决这一重难点的良好方式，幼儿也可以在反复练习中巩固折纸技能。

（3）根据幼儿年龄特点和身心发展水平提供游戏材料

根据幼儿发展的不同需求，引导幼儿开展系列区域活动，促进幼儿综合素质的发展。例如，建构区拧螺丝螺母组合玩具，小班幼儿小肌肉群不够发达，可为他们提供体积大，便于取放的建构材料；大班幼儿动手能力强、思维敏捷，在提供拧螺丝螺母玩具时，则要注重多样性和精密性，以满足他们的探究和自主发展需求。

（4）根据游戏活动的需要调整和投放新材料

发现问题时及时调整和投放新材料，才能支持幼儿游戏的顺利进行。【案例4-2】中，老师发现益智区"套戒指"游戏难度大，很多幼儿在拿到戒指后，无法算出结果，从而导致后期出现乱戴戒指的情况。于是，教师在益智区补充辅助材料，使幼儿能通过操作辅助材料，直观地看到运算后的结果，帮助他们顺利完成游戏操作。在美工区，幼儿对刮画及刮画后出现的色彩感兴趣，但刮画笔较细，孩子们用的8K刮画纸均未画满，于是绘画桌投放16K的刮画纸，供幼儿选用。

下面以益智区数学材料投放为例，说明游戏材料投放的策略与方法。

材料的合理投放是提高室内区域游戏质量、引导幼儿在深度游戏中不断成长的重要手段。班级中的三位老师要加强研究，尊重幼儿的身心发展规律和学习特点，帮助幼儿在循序渐进的探索中积累经验、深入思考，获得最大程度的发展。

视频：材料投放的策略和方法

2. 户外游戏活动的准备

户外活动场地一般分为不同的功能区。塑胶活动场地、塑胶跑道等大型运动区，为幼儿早操、集体游戏、运动会等活动提供便利。此外还有大型游戏设施，如滑梯、综合游戏区、平衡攀爬区、沙池、水池等。近些年来，幼儿园开始重视打造自然、生态、充满野趣的园子。有研究证明，幼儿喜欢生态、有野趣、开放、多元的游戏场地，如山坡、溪流、池塘、自然物形成的游戏设施等，有利于幼儿亲近自然、释放天性，激发幼儿主动探索，想象创造，冒险和挑战，从而促进身体、认知、情感、社会等多方面的发展。

教师在为幼儿安排或选择户外活动内容时，一般是在整个园所的统一规划下进行的。活动之前教师应事先检查活动场地、器具状况，排除安全隐患，了解器具的数量，保证材料丰富、多样，能满足幼儿当天活动的需要。

幼儿每天的户外活动时间一般不少于两个小时，一般上午一小时、下午一小时。在户外活动开始前，教师应提醒幼儿做好活动前的准备，如喝水、如厕，检查鞋带、服装等。一些幼儿园会为孩子准备吸汗巾，幼儿户外活动随时使用，防止感冒；在春秋季节，出门时请幼儿脱掉外套，防止运动起来出汗过多；在北方室内有暖气的冬季，出门前需要穿外套，可以请家长为幼儿准备一件方便活动的轻薄棉衣，室外活动时既能保暖，又不至于衣着笨重不利于活动；夏季室外活动时还要做好防晒准备，要提醒幼儿带水壶，以便随时补充水分；雾霾、高温、高寒等特殊天气，应适当减少室外活动时间，转为室内活动。教师可根据季节、天气等做出灵活调整。

视频：户外游戏场地上的玩耍

（二）游戏过程，观察指导

1. 介绍分区，自由选择

正式开始游戏前，教师要先引导幼儿选择游戏区域。选区是指幼儿在教师创设的自由氛围中，根据自己的兴趣、经验和需要，主动选择去某一活动区进行活动的过程。

一般来说，教师要先向幼儿介绍开放的区域，包括区域活动的规则、内容、一些简单器具的玩法等。对于班额大的班级，区域一般会全部开放。当然，也可根据教育目标、幼儿人数等选择开放部分区域。区域里投入新材料或材料有调整时也要向幼儿介绍和说明。【案例4-2】中区域游戏开始前，教师向幼儿介绍美工区、益智区的材料调整情况，以便于幼儿更好地游戏。

游戏中幼儿是自主的，在哪玩、和谁玩以及怎么玩都应该由幼儿自主选择，幼儿可以遵从自己的意愿选择活动区。但是，每个区域应有一定的人数限制，比如室内区域游戏一般限制4~6人，幼儿可以通过挂选区牌等方法表明自己选择了某一个区，当幼儿喜欢的活动区人数已满，教师可引导幼儿去其他活动区游戏。

对于不会选择或者喜欢争抢的幼儿要进行特别关注，适当引导。某些幼儿在教室漫无目的地走动，没有参与任何区域活动时，教师可以主动询问幼儿想要做什么或提出建议，也可以把他带到已经开始的游戏场景中。为了让幼儿更好地融入游戏，教师可以教幼儿如何与其他人交往，并示范游戏材料的玩法。【案例4-2】中，佳航在发现几个喜欢的区域都已满员时，教师及时引导佳航去人数未满的折纸区进行活动。【案例4-3】中，小悦出现了不参加游戏的情况，也许是有一定的情绪，也许是选择困难，也许是对游戏有畏难情绪。教师通过请小悦帮忙、和她一起游戏等，帮她调动起了兴趣，让她很快投入到游戏中。在课后的游戏分享中，教师也特别邀请了小悦来分享，这对调动小悦参与游戏的积极性起到了促进作用。

2. 分工观察，做好记录

幼儿游戏的过程中，教师应做好观察。教师首先要根据孩子的人数和场地进行分工，可采用定点观察、个别观察、巡回观察等方法，确保每位幼儿都在老师的视线范围内。对处于不同游戏区的每位幼儿，教师均应予以关注，尤其是在定点观察个别幼儿时，一定要兼顾区域内的其他幼儿。教师观察时，形式多样，可以旁观，也可以有选择地参与幼儿的游戏，但要注意观察的目的性，整体了解幼儿的游戏情况，包括对游戏材料的偏爱和使用方法，产生的疑惑，遇到的困难，游戏区的利用情况等，并做必要记录，为游戏后的分析、后续游戏区和游戏材料的调整提供依据。为了方便记录和研讨，可以采用记录图表来记录活动过程（表4-2）。

表4-2　××幼儿园活动观察记录表

观察班级		观察对象	
观察地点		记录人	
观察方法			
观察时间			
观察目的			
观察情况记录			
评价与分析			
教师介入及策略			
改进措施及目标			

记录的时间可以灵活安排。可以在活动结束后进行表格梳理；也可以录像、拍照，等活动结束再整理；还可以直接把记录本或册子带在身上，随时将游戏观察记录下来。

3. 活动推进，重点指导

幼儿游戏过程中，教师必须关注细微线索，根据游戏的发展及孩子的需求做到精准把握，通过观察游戏进展来判断，明确该何时介入幼儿游戏。从提升幼儿在游戏中的合作、交流及解决问题的能力，促进游戏发展等几个方面进行重点指导。

教师要判断是否存在能成功推动游戏发展的"领导者"，或者他们是否需要教师介入，帮助他们增加游戏难度。教师也要善于理解幼儿提供的信号和线索：当幼儿一次次地重复某些行为时；或者幼儿陆续离开游戏区，剩下很少孩子时，教师都要适时介入幼儿游戏。在介入游戏的过程中，教师要尽量顺应儿童的游戏脚本。因为安全问题介入游戏时，可以使用幼儿在游戏当中的语言去给他们进行友好提醒，让他们安全地使用游戏材料，这样有利于教师成功地介入幼儿游戏。同时，介入方式要有助于保持幼儿对游戏的参与度，有助于解决已经出现的问题，有助于吸引幼儿回到游戏中来。【案例4-2】中，小朋友在折桃子遇到难题将要终止游戏时，教师细心观察后及时将折纸《桃子》视频调慢倍速，很好地突破了折双三角形这一重难点，幼儿自主通过视频便学会了折桃子，成就感满满，也让折桃子活动继续下去。

【案例4-3】中，教师认真观察、了解需求、提供材料，支持幼儿的游戏，让游戏活动层层推进，使不同能力水平的幼儿在身体运动、合作能力、意志品质等各方面都得到了发展。

如果幼儿在游戏中出现了特殊情况，如，存在安全隐患；幼儿间出现矛盾冲突、僵持不下；幼儿漫无目的地游荡；遇到困难想放弃；破坏活动规则的行为反复出现，以至于影响整体活动等情况，教师要及时制止或干预。但也要视情况而定，如果在幼儿能力解决范围之内的，也需要给幼儿提供自主解决问题的空间和时间。【案例4-3】中，幼儿的"棍子争夺战"，教师发现了幼儿的争端但没有进行干预。如果教师在观察中发现事态朝着不好的方向发展或者存在安全隐患，教师应介入游戏，但应尽量采取间接的、巧妙的方法（如扮演一个角色）等进行支持，不硬性要求。【案例4-3】中，小伟带头骑小车爬楼梯，破坏了游戏规则，并引起了大家的模仿。教师请幼儿思考："如何才能既顺利爬上坡又不发生危险？"经过讨论，最终选择了把木板铺在阶梯上通行。教师又抛出第二个问题："山坡设置在哪里更合适呢？"引导幼儿深入讨论。教师的处理既避免了安全隐患，又引发幼儿自主探索的过程，引导幼儿综合考虑场地的特点，最终找到了完美的解决方案。

（三）游戏结束，反思提升

1. 结束活动，收拾整理

活动后的收拾整理，是教育中重要的一环。玩耍过后的收拾整理不仅能够保证器械、物品的有序摆放，保证下一次活动的顺利进行，更能让幼儿养成良好习惯，有利于培养幼儿的责任心和做事情善始善终的好品质。

例如，中一班的小朋友在沙池玩，"彩虹的约定"音乐声响起了。一听到这首音乐，小朋友们知道游戏结束时间到了，开始收拾玩具。小明第一个收拾完，他很快跑出沙池，刚要去站队，忽然想起胶鞋还没换下来，就重新回到沙池入口去换鞋子。

正在这时他看到小强正朝老师走去，小明非常着急，眼看着这次又当不上排头了，瞬间变得垂头丧气，但他还是坚持把胶鞋换下来，整整齐齐地放进鞋柜里。王老师看到后，肯定了小明的做法，并当众表扬了他收拾整理物品的好习惯。小明不好意思地笑了。

2. 交流总结，记录表征

游戏过后，教师要引导幼儿谈一谈游戏中遇到的困难，需要解决的问题及需要获得什么样的帮助，并引导更多幼儿参与讨论。比如，【案例4-3】中，小朋友之间因为争抢东西发生矛盾，教师引导幼儿谈一谈自己的看法，说一说好的做法有哪些？你遇到过这种情况吗？你当时是怎么想的？你做了些什么？你收获了什么？等等。

在交流的基础上，引导幼儿把自己的游戏过程用绘画及图文结合的方式记录下来，然后把幼儿的表征作品张贴在班级展示墙上；也可以把有趣的事情表演出来；还可以请幼儿回到家把有趣的游戏讲给爸爸妈妈听，请爸爸妈妈帮忙记录下来，这样也可以推动亲子间的交流。不仅增强了幼儿的前书写能力、肢体表达能力、语言表达能力，有利于幼儿反思一天的游戏过程，引发深入思考，促进更深度的游戏探索。

二、班级游戏活动管理要点

（一）尊重兴趣，让幼儿自主游戏

游戏是幼儿的基本活动，教师要珍视游戏的教育价值，将游戏的权力交给幼儿，让幼儿在自主游戏中获得最大发展。教师要为幼儿创设宽容、自由、安全、和谐的精神环境。包括两方面内容：一个是建立融洽、和谐、平等、自由的师幼关系，另一个是建立和谐、互助、自由、合作的同伴关系。孩子们在宽松、愉悦的心理环境中积极主动地与材料、同伴、成人互动，尽情享受游戏带来的快乐，获得丰富经验，发展和提高多种能力。

（二）细心观察，适时引导

美国儿童教育家盖伊·格朗兰认为，儿童游戏有三种水平：一是混乱失控的游戏；二是简单、重复的游戏；三是富有成效的高水平游戏。明智的教师会大胆放手让幼儿自己游戏。如果游戏长期处于前两种情形，不仅发挥不了游戏应有的价值，反而会影响幼儿的学习与发展。这时，教师应考虑使用一些引导措施，如向幼儿提出一些挑战，引起幼儿的思考、想象、好奇和探究，激发其主动性、积极性和创造性，进入"最近发展区"，并且使游戏深入发展。

（三）重视规则，保证良好的游戏秩序

自主游戏并非随意游戏，幼儿需要遵守每个分区的游戏规则。规则既能保证活动顺利开展又能够保障孩子的自由玩耍。规则不仅有常规的要求，也有游戏玩法的规则，有些是教师做出的要求，有些是师生达成的共识，有些是幼儿之间约定俗成的规矩。遵守规则是活动持续进行的保障，活动前幼儿需做到心中有数。如进入区域的规则：按照限定人数进入区域，正确使用区域内的物品等；安全的规则：操作区杜绝幼儿随意奔跑，自行车要在行车道上行驶等；物品取放规则：及时整理，物归原处等。规则的设置让幼儿知道什么能做，什么不能做，保证了幼儿活动自由，提高了游戏活动中的自主性。一般而言，安全的规则、秩序的规则是教师要特别强调的，需要幼儿遵守的，需要游戏前事先达成共识，以此来保障活动的顺利进行。幼儿玩法中的规则设置则由幼儿自主商定或者根据约定俗成的惯例进行，教师要尽量少干涉。

同时，要关注幼儿选择、准备、收拾整理游戏材料过程中的价值。这些过程不仅是活动开展的前提和保障，更是难得的教育契机，有利于幼儿学会分类归纳、整体摆放，养成做事有始有终、耐心细致、认真负责的好习惯。

任务四　班级大型活动管理流程及要点

一、班级大型活动管理的流程

　　班级大型活动往往是园所大型活动的一部分，一般会邀请家长参加，社会化程度相对比较高。教师要做好上承下接的工作，落实好园所的具体要求，组织好幼儿的各项活动，同时，做好家长的宣传、接待等工作。具体来看，可分为以下几个步骤：

细化分工 责任到人	⇒	过程管理 深入推进	⇒	呈现活动 灵活协调	⇒	总结反思 做好宣传

（一）细化分工，责任到人

1. 组织会议，传达计划

　　全园大型活动方案宣布后，班主任要及时组织班级成员以及家委会成员召开会议，传达大型活动的指导思想、活动目标、活动形式等，明确举行大型活动的目的和对幼儿园发展的重要性，确定各环节人员分工，要求大家树立责任意识、大局意识，努力做好自己的分内工作。

2. 预算报备，勤俭节约

　　幼儿园每次举行大型活动都会有经费投入，班级层面要提前报备所需材料。本着勤俭节约和资源共享的原则，倡导废旧物品的再利用，可以组织教师和家长自制玩具和用品，或寻找替代品等。

3. 制定详案，分工合作

　　一般大型活动方案由园所制定出台，而班主任和班级教师是大型活动最直接的落实者，因此要在对园所方案详细解读的基础上制定本班详细的活动方案，做好充分的活动准备，如道具、服装、场地布置等，并将这些任务合理分配给班组成员。比如游园活动时班级负责的是美食汇项目，有制作冰糖葫芦、棉花糖等活动，为了给幼儿一个完美的呈现，就必须明确分工：有负责预算和采购食材的老师；有负责研究制作方法的老师；有负责环境创设的老师等。合理分工，便于大家通力合作，取得最好的活动效果。

4. 布置环境，营造气氛

大型活动实施前一个月或半个月，着手在幼儿园内营造活动氛围，如通过横幅、主题墙面、宣传海报、橱窗等方式进行环境布置，让大家提前了解活动的主题、时间、形式等信息，在感受活动氛围的同时，做好各种准备。

5. 拟定通知，邀请家长

大型活动一般向家长开放，因此活动前向家长做好宣传，争取家长的配合。教师可以提前向拟邀请的家长或嘉宾发出邀请函，或通过校讯通、QQ群、微信群等网络平台发布消息，向家长介绍活动的意义和内容，也方便家长提前安排好工作，预留来园参加活动的时间。

示例1：元旦家园同乐活动前老师在班级群的动员通知

亲爱的小二班家人们：

为了让您和孩子度过一个欢乐、祥和的新年，展示幼儿入园半年来的成长和进步，根据幼儿园"庆元旦家园同乐"活动方案，我们班定于12月29日下午3：00召开"家园同乐"联欢活动，现向家长们征集节目，唱歌、舞蹈、朗诵等形式不限，望大家踊跃报名，大胆地表现自己，您就是孩子最好的榜样！

小二班

12月19日

示例2：六一亲子游园会通知

各位家长：

我园定于5月29日上午8：30—10：30举行亲子游园会活动。本次活动旨在为各位家长提供亲子交流的机会，增进家园互动，让您和孩子共同体验"庆六一，悦童年"的快乐。

活动安排：

8:00—8:30家长来园。

8:30—8:40家长观看"米奇妙妙屋"动漫剧场，并向家长介绍活动安排、游戏内容、地点及游戏注意事项。

8:40—10:30亲子游园会及兑换奖品。

10:30—10:45离园。

活动内容：见各班海报。

温馨提示：

1. 请家长安排好时间准时参加活动。

2. 请家长当天给宝宝们穿上统一园服，并提前给宝宝塞上汗巾。

3. 请家长给孩子们穿上轻便的鞋子，家长自己也要穿上运动鞋。

4. 活动过程中，注意给孩子增减衣服，以防感冒。

5. 在活动中，注意保管好自己的财物，看护好自己的宝宝。如果一个游戏区参加的人数过多，请您耐心地等待，或选择其他的游戏区。

6. 大家在活动开始时注意听从老师们的安排，遵守秩序。

祝大家六一快乐！

小二班

5月18日

（二）过程管理，深入推进

大型活动能取得好的预期效果，过程中的安全管理、质量管理、时效管理非常关键。班级要与级部和园所协调配合，共同推进活动的开展。

1. 安全管理，时刻重视不放松

大型活动一般都有安全预案，班级层面落实时，也一定要将安全工作放在首位。亲子运动会开始之前，要对幼儿进行安全教育和自我保护教育，运动会进行过程中，要进行遵守比赛规则的教育。组织游园活动时，要提前让孩子熟悉路线，和幼儿一起讨论遇到突发情况应该如何处理。总之，要把能想到的一切安全事项逐一列出，提前对幼儿进行教育，并在活动过程中时刻关注安全问题。

2. 质量管理，以终为始，检查推进

为确保高质量完成活动计划，实现活动目标，使幼儿在活动中真正得到发展，使保教人员在组织活动的过程中得到锻炼，要进行过程检查。检查是为了查找大型活动在前期准备工作以及具体实施过程中存在的问题和不足。这里需要强调的是，举办大型活动的终极目的是为了幼儿的发展，要把活动看作是一个平台和资源，让孩子的能力得到提高，素质得到培养。大型活动也是幼儿园课程的一部分，教师要提前做好预设。在组织过程中如发现问题，可以生成新的有教育价值的游戏和活动，这些活动如果和我们的大型活动目标是一致的，可以推进活动的深化。在检查过程中，树立"以终为始，不忘初心"的理念，从目标出发，剖析活动本身的价值，完善活动流程，为今后的工作积累经验。让教师和幼儿、家长在共同策划与组织活动的过程中增进感情、加深了解，达成共识，实现三方良性互动，共同成长。

示例：

在元旦童话剧表演嘉年华活动中，中班的表演剧目是《骄傲的大公鸡》。全班幼儿共同呈现这一剧目，就会有多人愿意扮演一个角色，比如大公鸡会有一个主演，五个助演，这一个主演由谁来决定？老师还是孩子？如果指向的是幼儿的发展，老师就不能擅自做决定，而是要把这个问题交给孩子，让他们自己协商解决。另外，排练过程中队形怎么排？老师最好不直接给出答案，可以组织幼儿讨论之后确定，

比如六个人可以站成直线、三角、弧线、八字，这里还渗透了数量守恒的数学经验。如何排列才能让每个人都能上镜展示呢？这就需要孩子们做出分析了。因此，老师要善于发现在活动组织中出现的"问题"，并且把"问题"当成一种契机，有效引导，以此促进幼儿的发展。

3. 时效管理，统筹安排高效率

班级层面细化活动方案时，有些活动按先后顺序推进，比如先设计运动会项目，再准备运动会使用的器材；有些同时推进，比如找家长参加方队和要求家长准备幼儿着装、购买发带等。班主任要统筹协调，做好时间管理，制定出详细的工作计划表，明确各项工作的责任人、完成时间、完成标准等内容，做到有序推进。

各项工作制定明确的完成时间，工作就会有条不紊地推进，避免手忙脚乱。就运动会的各项事宜来说，家长准备要提前进行，包括人员、服装要先下手，因为这些准备需要时间。就幼儿准备来说，是先设计项目还是先设计运动会吉祥物？肯定是设计运动项目更迫切一些。幼儿在园时设计比赛项目，离园后在家中搜集运动会吉祥物的知识。在训练运动项目的休息时间组织"设计吉祥物"活动。这样既能动静交替，又能高效利用时间，在规定的时间内完成任务。

（三）活动实施，灵活协调

1. 充分准备，做好接待

为了保证活动顺利进行，避免遗漏和临场忙乱，活动前一天就需要做好场地和物品的准备，比如场地布置、体育器械、家长签到表、音乐、游戏道具等等，确保所需的所有物品准备齐全，能摆放的要提前摆放到位。家长开放日要看什么等，可以提前给家长做好培训，以便家长用更科学、理性、发展的眼光看待孩子的表现。家长入园后，教师要热情接待，在家长等待活动开始的时间，可以播放宣传片、和家长个别沟通，或者请家长协助组织幼儿等，让接待环节变得温馨美好而且高效。

2. 照顾全面，关注个体

活动开始后，教师们虽在不同岗位上各负其责，但班级是一个整体，如遇特殊情况一定要沟通协调，互相补位，共同维护好班级和幼儿园的形象。教师既要关注整个活动的进程，又要关注每个幼儿的表现和家长的反应。家长最关心的是自己孩子的表现和进步，在活动中如果遇到家长对孩子表现不满意，也不要急于向家长解释，可以安抚家长的情绪，引导家长找到孩子的闪光点，以发展的眼光看待孩子的表现，待活动结束后再单独与家长沟通。

3. 结束活动，有始有终

活动接近尾声，可以拍照留念，然后做好物品的整理工作，并收集家长的意见和建议等，再请家长带孩子离园，让家长乘兴而来，尽兴而归。

把每个参加活动的家长送走后，教师们再交流、反思活动组织情况。

（四）总结反思，做好宣传

1. 及时反馈，扩大影响

幼儿园大型活动结束后，应及时将活动成果向教师、家长、幼儿以及社区进行宣传。如，可借助幼儿园的宣传橱窗、楼道、主题墙、网络平台等，将活动的精彩瞬间以照片、视频、文本等形式进行发布，以展现大型活动开展的大致流程与环节，让家长和社会各界直观了解幼儿园和孩子在活动中的具体表现，让他们真实感受活动的价值。

2. 资料归档，物品整理

大型活动结束后要对活动的全程资料及时进行整理归档。活动涉及的所有资料是全体成员智慧的结晶，记录着教师专业发展与幼儿成长的足迹，是幼儿园向前发展有力的佐证材料，也可为下一次活动的开展提供借鉴。大型活动中所涉及的道具、物料等要清点归位，保证后续使用。

3. 科学总结，反思提高

举行大型活动后，教师要以级部或班级为单位进行全方位总结和反思，并通过各种形式的活动交流达到相互借鉴、共同提高的目的。要对大型活动的策划组织、内容形式、活动过程及活动质量与效果进行分析。可以通过撰写随笔、经验体小论文等形式进行提炼概括、总结经验，同时要反思不足，为今后活动提供参考。

二、班级大型活动管理的要点

班级大型活动因其较"大"，涉及的面比较"广"，在管理过程中需注意的点也比较多，总结如下：

（一）做好预案，安全第一

安全，是组织任何活动首先要考虑的问题。不管是家长"走进来"的开放活动还是幼儿"走出去"的实践活动，都要有安全预案，并与家长签订安全责任书，确保活动安全顺利开展。

（二）避免形式化，以幼儿发展为本

组织大型活动要避免表面化、形式化，要确保幼儿是大型活动的主体，以"幼儿发展为本"，为每个幼儿提供均等的发展空间，让全体幼儿都有机会参与其中并展示自己。尊重幼儿的个性特点，相信每个幼儿都有发展的潜能，培养具有生存和创

新能力的主动学习者。

（三）与日常的教育教学活动等紧密结合

大型活动要与幼儿园的教育教学紧密结合。大型活动除了要与《纲要》《指南》的精神保持一致外，还要与日常的教育教学活动、教研科研活动以及幼儿教师的专业成长紧密结合起来。将大型活动与幼儿园的课程相互融合，形成"集体课程式"的大型活动，不仅突破了只在日常活动中实施课程的一贯做法，也可以改变大型活动与教学活动分离的现状，突出幼儿园教育教学的整体性和综合性，符合不同年龄段幼儿的发展需要。同时，借助策划与组织大型活动的契机，开展园内的专题教研、科研活动，有助于促进幼儿教师不断思考与总结，加快幼儿教师专业成长的步伐。

（四）常规与特色结合，突出创新性

幼儿园大型活动具有反复性，因此在策划与组织时要深挖其价值，确定一个富有创意、特色鲜明的活动主题，设计一些与社会生活、时事相结合的活动内容，探索一种打破传统的新型活动组织形式，才能凸显活动的生命力和吸引力。将幼儿园的常规性活动与自身的办园特色相结合，形成大型主题活动，每次活动，如"六一"儿童节、毕业典礼、运动会等，都是在办园理念统领下所开展的系列活动。班级层面要结合园所方案，结合幼儿及教师的特点和班本课程，突出班级特色。

（五）家园共育，其乐融融

大型活动要重视调动家长资源，与家长积极互动。家长参与度和满意度，是衡量大型活动成功与否的标准之一，这就要求教师科学有效地做好家长工作，充分调动家长参与活动的积极性。比如，运动会可以请家长和孩子一起设计吉祥物，一起走方队；元旦联欢活动鼓励家长积极参与节目策划和表演等。让其在参与过程中感受到幼儿的成长和变化，体验亲子互动的快乐和教师工作的辛苦，进而推进家园之间的沟通、交流与更好合作。

拓展学习

一、幼儿园可开设的区角

生活区：主要功能是通过各种生活模仿性操作与练习，发展孩子编、系、扣、穿、夹等基本生活操作能力。

语言区：主要功能是通过图书、图片、头饰、手偶等的观察、操作、拼摆等进行讲述活动，发展幼儿的观察能力和语言表达能力。

美工区：主要功能是通过撕、贴、剪、画、捏、折等动作操作活动，发展幼儿的动手操作能力及欣赏美、表现美和创造美的能力。

益智区：主要功能是通过各种科学小游戏及数学操作活动，从小培养幼儿对科学探索的兴趣，发展幼儿认知、观察、数理逻辑思维等能力。

建构区：主要功能是利用积木、酸奶盒、易拉罐、纸盒、玉米瓢等进行建构游戏活动，培养幼儿的空间知觉，发展幼儿的空间想象、动手操作及交流合作能力。

角色游戏区：角色游戏是幼儿通过扮演角色，运用想象，创造性地反映现实生活的一种游戏。主要有开心娃娃家、换装秀、超市扮演组、厨房扮演组等。角色游戏有助于幼儿学习各种社会性行为，发展交往能力，培养幼儿的主动性、独立性和创造性，促进幼儿社会性的发展。

自然角：种植和饲养活动对幼儿来说是非常有趣的，幼儿从事种植、养殖等活动，观察动植物的生长和变化，学习饲养、种植、浇水、照料有生命的东西。在这个过程中能培养幼儿做事有始有终、克服困难等良好品质，还能通过观察，自己动手描画出动植物的生长变化，表现美好的事物。

图书区：选择光线明亮、安静的地方布置图书阅读区。可把书籍投放到图书区，让幼儿在读书区角里巩固新知，培养幼儿阅读习惯，促进幼儿语言能力的发展。

二、外出活动安全责任书（样例）

幼儿园外出活动安全责任书

为保证孩子的安全，明确家长携带孩子参加活动时应当承担的安全责任，特在以下方面达成共识：

1. 外出活动为各位家长个人行为，由家长自发自愿组织。活动时间、活动地点、出行方式、活动内容、费用支出等事项，由参加活动的家长协商决定。

2. 活动的发起人只是进行活动的发起与联络，对活动期间发生的意外、事故或产生的纠纷，不承担任何责任。

3. 参加活动的各位家长为活动责任人，对孩子参加活动期间的一切行为及可能发生的意外及事故全面负责。如参加活动的家长、孩子发生意外或安全事故，所有责任由孩子的家长自行承担。

4. 家长应将对孩子的安全教育贯穿活动始终，活动期间确保采取必要的、足够的安全措施保证孩子安全。家长应加强对自己孩子交通安全、游戏安全、防水、防火、防电、防绑架等教育，培养和提高孩子自救自护的能力。

5. 外出活动期间家长及其孩子因个人原因与他人发生纠纷，相关责任由发生纠纷者自己承担，与活动发起人及参加活动的其他家长无关。

6. 本责任书由参加活动的家长签署后交活动发起人保存。责任书自签署之日起生效。

幼儿姓名：**

家长姓名：**

实践园地

思考与练习

下面是某班的秋游活动方案：

[活动背景]

秋高气爽，风轻云淡，气候宜人。秋天丰富而多彩，是丰收的季节，是充满喜悦的季节，是处处都蕴涵着教育契机的季节。大自然是孩子们最广阔的教室，赋予孩子们取之不尽的智慧源泉。在金色的秋季，我们需要让孩子回归大自然，在大自然中去增长知识，开阔眼界，启迪智慧，让孩子在大自然这个知识的海洋里遨游成长。在新鲜的空气及阳光下，增强体质，提高孩子对外界环境的适应能力。孩子们在快乐的秋游活动中，开阔眼界，增长见识，锻炼意志，提高团队意识、增进同伴与师生间的友情。

[活动目标]

1. 让幼儿走进自然，欣赏秋天的景色，感受秋天的气息。

2. 带幼儿到户外寻找秋天并感知秋天的特征。

3. 发展幼儿的观察力、想象力及审美能力。

4. 提高幼儿的社会实践能力，培养幼儿的团队意识。

[活动时间]

10月19日上午 8:30—10:30　中班级部

10月19日下午 14:30—16:30　大班级部

[活动地点]

东山全民健身公园

[活动准备]

1. 通知：告知家长秋游的时间，地点，接送时间，需要准备的物品，并在家中对孩子进行安全教育。

2. 幼儿书包物品的准备：一小瓶水，一只垃圾袋，少量的零食，湿纸巾。

3. 孩子着装要求：不系鞋带的球鞋，容易穿脱的外套。

4. 对孩子进行安全教育。

5. 各班根据情况设计适宜的活动。

［活动过程］

1. 出发前幼儿着装情况，物品准备的检查，保育老师带好毛巾、纸巾。

2. 绕着公园走走，可以看看公园里的花草，说一说它们的名字，找一找秋天与夏天的区别；带领幼儿去树林进行捡落叶游戏，引导幼儿观察秋天里动植物的生存状态，寻找秋天的特征。

3. 卫生环保教育：垃圾要丢在自己的垃圾袋里，看见地上的垃圾要捡起来扔进垃圾桶，离开活动场地要检查地面情况，保持地面干净卫生。

4. 转换活动场地时要清点人数，并排好队。

5. 返回时清点人数，排好队，有序返程。

［注意事项］

1. 对幼儿进行安全教育，提醒幼儿在活动地点不拥挤，不乱跑，不离开老师和家长指定的活动范围。

2. 携带急救用品，以防幼儿安全突发事件。

3. 自带适量白开水，及时补充水分。

4. 注意公共场所的卫生。

请参考此活动方案，并结合大型活动的组织步骤和原则，拟定一份元旦家园联欢活动设计方案。

赛证真题

2014年上半年真题

16. 请根据下列案例，设计一份亲子运动会方案。要求写出亲子运动会的设计意图，2个运动项目（须写出运动项目的名称、材料和玩法），家长工作要点以及实施注意事项。

在与本班家长的沟通中，大三班教师发现：不少家长平时很少和孩子一起运动，因为不知道可以和孩子玩什么。为此，教师准备举行一场亲子运动会，让家长体验到：生活中随手可得的一些废旧材料，可以用来开展有趣的运动游戏，促进幼儿身体健康，融洽亲子关系。

【参考答案】

设计意图

亲子运动在家庭教育中，往往被爸爸妈妈所忽视。这对密切亲子关系和促进孩子身心健康发展是极大的损失。为了帮助家长进一步学习亲子游戏的方式、方法，设计本次亲子运动会，使家长对亲子活动的材料、目的、准备、过程，以及如何引导活动等事项，有更详尽的了解。家长通过观察和体验，感受如何引导孩子参与亲子活动，从而促进幼儿发展。

活动一、蜈蚣竞走

材料：无

玩法：

1.每班16名幼儿、16名家长，分两大组进行，每组包括幼儿组和家长组。两组分别站在场地两侧的起跑线后。

2.听到老师口令，各组一列纵队蹲下，后面人双手扶前面人的腰间，听到信号后，幼儿组同时由起点出发，步调一致到达对面，家长按幼儿组的动作要领返回起点。

3.先到达终点的组为胜。

规则：

1.在行进过程中，必须保持下蹲姿势，手扶在前面人腰间，不得松开，若松开，退回起点重新开始。

2.每组最后一个人过线后，另一组方可进行。

活动二、接力赛跑

材料：皮球四个

玩法：

1.每班11名幼儿、11名家长，分别站在场地的两侧，成一列纵队。

2.听到裁判口令，家长抱球跑到对面，把球传到幼儿手中。

3.幼儿接住球后抱球跑到对面，把球传给家长。依次往返。

4.最先跑完者为胜。

规则：

1.双手抱球，若中途球落地，捡起后返回原地接着跑。

2.必须过终点线方可传球，传球过程中不得抛球。

家长工作要点：

1.家长要按照园内要求的时间准时带孩子到达运动会地点。活动前一天请保证幼儿充足的休息和睡眠，以保证运动会当天幼儿以饱满的精神参加运动会。

2.升旗及开展亲子运动项目时，务必根据教师指令快速到达指定地点。请家长全身心投入到运动游戏中，为幼儿做出良好的榜样。

3.比赛期间请家长看管好自己的孩子。家长请不要带幼儿在运动场地上随意走动，积极配合，保持会场秩序。

4.本次活动的主题是"我运动，我健康""我运动，我快乐"，本着"友谊第一""比赛第二"的良好心态参加比赛，一定要注意孩子的安全。

5. 为了给孩子建立环保意识，请保持场地卫生。家长提前准备一个垃圾袋，结束后把自己所在区域的垃圾清理干净。

6. 运动会项目结束后，请家长（穿亲子服）一起集体合影留念，然后领取园内准备的运动会礼物，并找本班教师签到后方可自由活动。

注意事项：

1. 事先熟悉活动地点的环境，了解周围是否有安全隐患，若有应及时整改。

2. 做好活动的组织工作，强化活动纪律，确定负责人，事先制定好计划。照顾幼儿安全，特别注意幼儿离园安全。

3. 对幼儿进行安全教育、纪律教育，各班教师随时清点幼儿人数，游戏活动强度应适中。教师应时刻关注幼儿在游戏中的表现，发现异常，及时处理。

4. 活动时，要提醒幼儿安全第一，正确对待游戏的输赢。

项目五

5

有"理"——班级物品及文档管理

学 习 目 标

知识目标：

☐ 明确班级物品及文档管理的概念；

☐ 了解班级物品及文档管理的意义；

☐ 熟悉班级物品及文档管理的原则和要求；

☐ 掌握班级物品及文档管理的工作流程及要点。

能力目标：

☐ 能按要求做好物品及文档的梳理分类；

☐ 能按要求做好物品及文档的布局，合理规划存放位置；

☐ 能按要求做好物品及文档的随手归置；

☐ 能按要求做好物品及文档的定期整理。

素质目标：

☐ 具有较强的秩序感，给物品找到合适的"家"；

☐ 养成随手归位、随时整理的习惯；

☐ 养成忙而不乱，做事井然有序的良好习惯；

☐ 重视物品整理工作的教育价值，培养幼儿物品归置和自主整理的习惯。

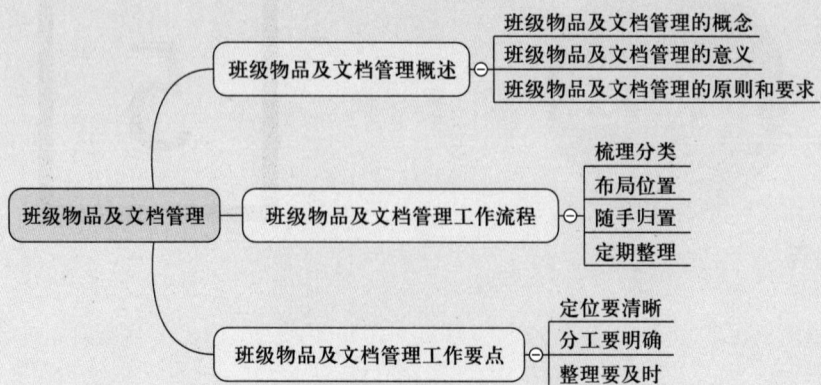

班级物品及文档管理概述 ○─ 班级物品及文档管理的概念
班级物品及文档管理的意义
班级物品及文档管理的原则和要求

班级物品及文档管理 ── 班级物品及文档管理工作流程 ○─ 梳理分类
布局位置
随手归置
定期整理

班级物品及文档管理工作要点 ○─ 定位要清晰
分工要明确
整理要及时

任务一　班级物品及文档管理概述

一、班级物品及文档管理的概念

班级物品是指幼儿园班级空间里的一切物品，包括班级内部的基础设施、设备和用品（表5–1）。

表5–1　班级物品一览表

基础设施（固定的、不可移动）	设备（可长期使用、幼儿园统一采购）	保育用品	教学用品
活动室、盥洗室、寝室、大小便槽、盥洗池、洗手池、墩布池、安装在水池上方的镜子、窗帘等	计算机、空调、触摸一体机、电视机、音响、钢琴、紫外线消毒灯、热水器、灭火器、幼儿床、储藏柜、饮水机、教师桌椅、幼儿桌椅、幼儿衣柜、钟表、儿童书架、储物柜、洗衣机、毛巾架、教具柜等	盆、抹布、拖把、笤帚、垃圾桶、垃圾袋、洗厕所刷等 毛巾、被褥、餐具、水杯等 香皂或洗手液、大卷纸、洁厕精、消毒粉、84消毒液等	剪刀、订书机、卡纸、皱纹纸、海绵纸、蜡光纸、固体胶、双面胶、泡沫胶、透明胶、签字笔、水彩笔、蜡笔、轻黏土等各区域材料

班级文档是指为了保障班级活动开展或在班级活动中形成的，具有保存价值的各种文字、图片、音像资料等，包括纸质文档和电子文档。幼儿园有专门档案管理人员管理全园档案，分类详细，如管理制度类、教师教研类、安全管理类、班级总务类、家园联系类、幼儿管理类、卫生保健类、班级总务类等。各幼儿园长期留在班级里的文档并不一致，基本可以分为三类：园所制度类、教师教研类和幼儿管理类（表5–2）。

表5–2　班级文档一览表

种类	文档名称
园所制度类	班主任岗位职责、班主任安全工作职责、保育员岗位职责、保育员安全工作职责
教师教研类	教案本（日计划、周计划、月计划）、特色主题计划、活动方案、教学案例、教学反思、工作总结、原创教学素材、区域投放记录表、玩具投放记录表，专业学习培训记录表等

种类	文档名称
幼儿管理类	幼儿成长档案袋（幼儿典型作品、幼儿观察记录、幼儿活动照片、作业、教师评语）、幼儿考勤记录、交接班记录、晨午检记录、陪餐记录表、家长联系表、毛巾消毒记录、暴晒消毒记录、口杯消毒记录、班级安全自查表、安全记录表、缺勤追踪记录表、家访记录表等

班级电子文档是文档的一种，是指在办公过程中形成的，具有保存价值的电子材料。教师可根据个人习惯建立文件夹进行分类管理，如工作计划和总结、活动方案和教案、记录表等（表5–3）。

表5–3 电子文档一览表

种类	文档名称
工作计划和总结	班级计划和总结、家长工作计划和总结、德育工作计划和总结、个人教育教学工作计划和总结等
方案教案	环创方案、早操方案、家长开放日方案、五大领域活动教案等
记录表	玩具投放记录表、个案行为观察记录表、户外活动记录表等

班级物品及文档管理则指教师根据班级的保教目标，通过计划、组织、实施、改善提高等环节，将幼儿园班级内的物品和文档进行规划、整理、分类、保管和使用，从而提高班级管理效率，促进保教目标的实现。

二、班级物品及文档管理的意义

教师做好幼儿园班级物品及文档管理工作，对于节约幼儿园资源和提高资源利用效果、保障班级保教活动顺利开展、提高幼儿自我管理能力、监测幼儿及保教活动的发展动态，具有重要意义。

（一）节约幼儿园资源和提高资源利用效果

实现物品的有序管理，有用的物品放在合适的位置，没有用的物品及时清理，损坏的物品及时修补，有助于将物品的效用发挥到最大值，实现"物尽其用"，避免了物品堆积所带来的浪费。同时，有些废旧物品可以废物利用，变废为宝，提高物品的资源利用效果。

（二）保障班级保教活动顺利开展

幼儿的认知水平有限，他们的学习需要借助大量的实物操作进行。物质保障如各种学、教具，游戏材料等，是班级教育活动顺利开展的重要基础。如果缺损，会极大地影响保教活动的开展。

（三）提高幼儿自我管理能力

对物品的管理能力是自我管理能力当中非常重要的部分。教师对于物品的管理，要充分发挥幼儿的自主性，培养他们用完东西要归位、自己的物品要负责整理好等习惯，通过一日生活实现对幼儿的教育。

（四）监测幼儿及教学活动的发展动态

物品的使用情况，手工作品、文档的记录等，都是幼儿发展和教学活动留下的印迹，它们都有助于教师了解幼儿及保教活动的发展变化情况，实现动态监测和过程管理，因此，对物品的管理也是对幼儿发展及保教活动的动态管理。

视频：幼儿园班级物品管理的价值

视频：幼儿园班级文档管理的价值

三、班级物品及文档管理的原则和要求

（一）班级物品管理的原则

1. 安全实用原则

班级物品的安全，一方面是材料的安全，要确保无毒、无污染；一方面是物品摆放的安全。电子产品、电源插座、玩具、悬挂物、墙饰、活动器械的摆放需符合安全规范。班级物品的收集应避免多多益善，要根据幼儿学习、生活、活动的需要，以及幼儿的身心特点购置和安排。

2. 动态发展原则

班级物品是教师开展保教活动的物质保障，是幼儿生活、学习、游戏的重要基础。班级物品应根据保教活动的变化，及时整理、补充、丰富，为幼儿创设健康、温馨、有趣的活动环境，更好地服务于教育教学及一日生活活动的开展，还要根据季节的变化及时调整。

3. 物尽其用原则

在班级物品管理中，应避免物品进行堆放式投放，而应根据需要逐步投放，不铺张、不浪费。纸箱、奶罐、纸杯、易拉罐、矿泉水瓶等都可以再利用，教师可引导幼儿充分发挥想象力、创造力，使其一物多用，变废为宝。既培养幼儿创造能力，同时又在潜移默化中培养幼儿勤俭节约的美德。

4. 参与管理原则

班级物品管理不只是教师和保育员的职责，还是班级中每一位成员的职责。教师和幼儿都是班级的主人，也是班级物品管理的主体。教师应根据幼儿的年龄特点，与幼儿共同制作标识、规划班级区域、制定班级物品管理的规则；调动幼儿参与物品清洁、整理的积极性和主动性，培养幼儿科学管理物品、定位收放物品等的良好习惯，培养幼儿的责任感和按类别收拾整理物品的能力。

（二）班级文档管理的要求

1. 树立文档规范管理的意识

文档的规范管理，能有效地服务教师的工作，便于教师监测保教工作的发展变化情况。文档的整理、装订上要做到规范化。如幼儿成长档案的目录包括教师寄语、幼儿作品、精彩瞬间、家长寄语等。教师和家长均按照目录存放文档和照片，保证幼儿成长档案的整齐和美观。长期积累下来，就能看到幼儿成长的轨迹，更好地制定帮助幼儿成长的计划。

2. 文档管理需要细心、有责任心

班级中须安排固定的教师负责班级文档管理工作，通常情况下由主班老师负责。教师要细心、有责任心，对于需要随时记录的文档，如幼儿考勤记录、交接班记录、晨午检记录、陪餐记录表等，要随记录、随归档、随备份。同时，教师还要做个有心人，凡是在班级活动中能反映本班保教工作情况及幼儿发展状况的，具有价值的照片、材料、文件，都要纳入班级文档管理。

3. 做好电子文档的现代化管理工作

21世纪是信息化社会，要充分利用好现代化的通信设备、网络资源，做好电子文档的管理工作。可以在计算机上制定文档的目录中心和相应的文件夹，方便老师们随时查询需要的相关资料。也可以租用百度网盘等公共管理空间，存放数据量巨大的电子文件。有条件的幼儿园，可开发或者购买适合本园的电子文档管理软件，这样能极大地提高文档管理的稳定性和效率。

案例分析

本节共呈现两个实践案例，分别展现班级物品管理和班级文档管理是如何进行的，大家可以阅读学习。

案例5-1 班级物品管理——失而复得的圆形拼块

班级基本信息：小班，30名幼儿（男孩16名，女孩14名）

孩子们开学前三天，老师们已经紧锣密鼓地开始工作了。早上园长开完工作会议之后，李老师找到原中二班的班主任王老师，和她进行教室交接（小二班开学升为中二班，换到中二班的教室）。李老师和王老师来到原中二班的教室，拿着王老师上学期期末自查的物品清单（表5-4）逐项核对。

表5-4　期末自查的班级物品清单

班级　中二班　　　负责教师　王××

一、固定资产类							
序号	备品名称	单位	数量	序号	备品名称	单位	数量
1	一体机	台	1	9	儿童床	张	29
2	黑板	个	1	10	分区柜	台	11
3	钢琴	台	1	11	保温桶	个	1
4	钢琴椅	把	1	12	水杯架	个	1
5	教师桌	张	1	13	毛巾架	个	1
6	教师椅	把	1	14	储物筐	个	12
7	幼儿桌	张	5	15	插排	个	1
8	儿童椅	把	29	16	石英钟	个	1

	二、清洁用品类						
序号	备品名称	单位	数量	序号	备品名称	单位	数量
1	垃圾桶	个	1	5	清洁工具桶	个	2
2	拖把	个	4	6	手套	双	2
3	扫帚	把	2	7	消毒粉（400 g）	包	1
4	垃圾铲	个	3	8	酒精（500 mL）	瓶	2

	三、室内区域游戏材料类						

	（一）益智区材料						
序号	备品名称	单位	数量	序号	备品名称	单位	数量
1	大盒子（蓝）	个	5	7	平衡跷跷板	个	1
2	大盒子（灰）	个	2	8	海洋贝类标本	盒	1
3	小盒子（蓝）	个	7	9	串珠子	个	1
4	拼图	套	6	10	钓鱼	套	2
5	认识图形	盒	1	11	魔方	个	2
6	时钟	个	1	12	七巧板配创意磁铁板	套	1

	（二）语言区材料						
序号	备品名称	单位	数量	序号	备品名称	单位	数量
1	故事机	台	2	7	大象玩偶	只	1
2	耳机	个	4	8	粉色娃娃	个	1
3	地毯（灰色）	个	1	9	图书：彩虹色的花等	本	13
4	儿童沙发	台	1	10	字图卡片：交通工具	套	1
5	青蛙坐垫	个	1	11	字图卡片：数字	套	1
6	心形坐垫	个	1	12	字图卡片：蔬菜	套	1

	（三）建构区材料						
序号	备品名称	单位	数量	序号	备品名称	单位	数量
1	大盒子（灰）	个	2	5	主题建构辅助材料	盒	1
2	小盒子（灰）	个	4	6	雪花片	盒	3
3	中型积木	盒	5	7	纸杯	个	43
4	小型桌面积木	盒	5				

续表

（四）美工区材料								
序号	备品名称	单位	数量	序号	备品名称	单位	数量
1	美工区：彩笔	盒	8	7	蛋糕盘	包	3
2	美工区：彩铅	盒	2	8	剪刀	把	15
3	美工区：油画棒	盒	10	9	胶水、胶棒	个	各8个
4	纸张（图画纸、蜡光纸、皱纹纸）	包	3	10	双面胶（大、小）	个	各1个
5	画盘	个	8	11	"冬天"主题玩教具		若干
6	太空泥	包	2	12	手工作品		若干

（五）表演区材料							
序号	备品名称	单位	数量	序号	备品名称	单位	数量
1	鼓	个	1	7	蛙鸣筒	个	1
2	铃鼓	个	1	8	自制乐器		若干
3	三角铁（4寸、6寸）	个	2	9	京剧脸谱戏服	套	20
4	沙锤	个	1	10	话筒、头饰、纱巾、鞋帽等		若干
5	木鱼	个	1	11	自制服饰	套	若干
6	响板	个	1	12	自制装饰		若干

（六）角色区材料							
序号	备品名称	单位	数量	序号	备品名称	单位	数量
1	医院：听诊器、棉签、胶布、纱布等		若干	5	超市：货架、玩具、水果、玩具面包		若干
2	医院：玩具注射器	个	5	6	超市：日用品的包装盒和罐子		若干
3	医院：护士帽、小号白大褂	套	3	7	超市：电脑及电脑键盘	套	1
4	医院：空药盒、空药瓶	个	若干	8	超市：小型购物车	辆	2

　　数量核对无误之后，李老师复印了物品清单，以便在复印件的基础上增删物品、重新建立本班的物品清单。李老师、苗苗老师和保育员王老师召开了简单的会议，落实了分工负责的任务内容：李老师负责教学用品管理，苗苗老师负责基础设施和固定

资产管理，王阿姨负责保育用品管理，各自完成之后再共同合作完成剩余工作。因为原中二班有29张儿童床和29把儿童椅，本班有30名幼儿，所以王老师去后勤领了一张儿童床和一把儿童椅，并在物品清单上进行了备注，然后按部就班地开展洗窗帘、擦玻璃等清洁工作。苗苗老师逐项排查基础设施和固定资产使用情况，比如空调的运转、钢琴的按键、桌椅的稳固性……她发现盥洗池排水缓慢，一体机触屏迟钝，于是将问题发到了后勤的维修群里，并填写了《维修单》（表5-5）。

表5-5 维 修 单

报修日期：8月27日 班级：中二班

序号	物品名称	故障描述	申请人	维修人	维修情况
1	一体机	触屏反应迟钝	苗苗老师		
2	盥洗池	排水缓慢	苗苗老师		

李老师梳理教学用品，发现各区角存在以下问题（表5-6）。

表5-6 区角问题一览表

区域名称	存在问题	解决方法
建构区	两个储物筐损坏	需要重新申领
美工区	损坏的手工作品	报废，报废后在物品清单中删去
	原班级制作的"冬天"主题玩教具	存放班级储藏室
区域分布	1.科学区距离盥洗室较远； 2.角色区的活动容易干扰美工区和阅读区的活动。 3.表演区的活动容易干扰益智区的活动	1.科学区与角色区互换：科学区挨着盥洗室，离水源较近，方便幼儿做实验时取水；角色区与建构区挨着，均属于"动区"（动静分离原则）。 2.益智区与美工区互换：益智区、阅读区、科学区均属于"静区"。美工区与表演区挨着，方便两个区域活动的沟通，如表演区使用美工区的手工作品。

不一会儿，三位老师将班级中的物品增删完毕，并重新整理了本班物品清单，李老师在"负责教师"一栏签名。

接着，李老师和苗苗老师调整了原来班级的区域布局（图5-1、图5-2），为了避免相互干扰，把需要安静的阅读区、益智区和科学区放在一起，把美工区和建构区放在一起，把娃娃家和表演区放在一起，也便于各区域间互动。

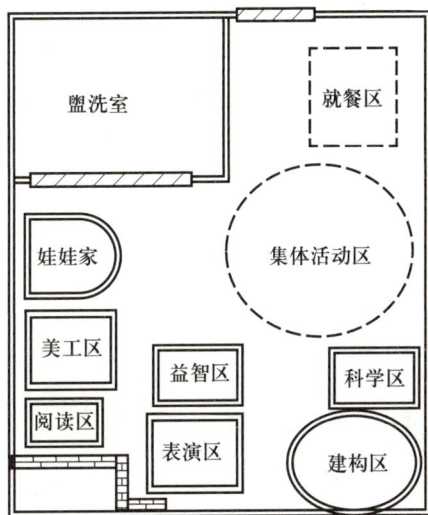

图 5-1　区域调整前示意图

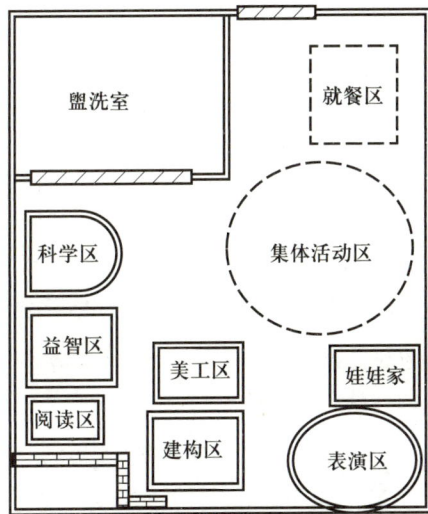

图 5-2　区域调整后示意图

两位老师检查了区域材料定点放置的标志，对于标识损坏和不清晰的，李老师和苗苗老师重新制作了标识并粘贴好。

对于班级玩具等物品的日常管理，李老师和苗苗老师决定沿用去年的"小值日生"制度，由小值日生监督物品归置情况。

开学后的几天，工作按部就班地进行。一天下午，区域活动结束，苗苗老师检查各个区域玩具的归整情况，发现大部分玩具都被幼儿放回了原处。她扫了一眼益智区，发现益智区中的方形"蒙氏几何形状嵌板"上少了一块圆形拼块，整层玩教具柜、附近的地面上均没找到，她赶紧告诉了李老师，因为玩具、拼图等零部件丢失的时间越久，找到的可能性就越低。李老师看到小朋友们在如厕，就等到所有小朋友们如厕回来后说"小朋友们，在加餐点心送来之前，我们先来玩一个游戏好不好？""好！"小朋友们热烈响应。李老师向小朋友们展示方形"蒙氏几何形状嵌板"，指着圆形的空缺处说，"几何图形嵌板上，少了一块圆形拼块，小侦探们一起来找找看吧！"。有的小朋友煞有其事地查看娃娃家的布偶娃娃，有的小朋友仔细地查看图书角的沙发缝里，两位老师也移动玩具架、地毯、玩具箱，一点一点地排查。小朋友们既焦急又认真地找着，这时小黎说"在这里，放在这个拼图里面啦！"她高高地举起圆形"蒙氏几何形状嵌板"。原来，圆形拼块放在了这个拼图盒里了！大家都为圆形拼块的"失而复得"开心不已。随后，李老师先让小朋友们去洗了手。等小朋友们都坐下后，李老师问小朋友"放错位置的拼块，好找吗？""不好找！"李老师接着说"所以呀，班里的玩具都是很宝贵的，需要精心照料，我们以后要留意，可不要将玩具放错了位置吆！"

经过这次"搜寻"事件后，孩子们更加珍惜玩具，并对"玩具用完放回原处"有了更深刻的体会。事后，两位老师又引导孩子们针对怎么区分相似拼图或拼块问题，想到一个好的办法：用记号笔在第一幅拼图背面画上"小花"的图案，并在第一幅拼图的所有拼块背面，都画上"小花"的图案。在另一幅类似的拼图背面画上"太阳"的图案，并在第二幅拼图的所有拼块背面，都画上"太阳"的图案。这样小朋友们再把拼块放回原处时，就不会放错位置了。

在后期的班级物品管理工作中，李老师、苗苗老师、王阿姨，还有孩子们，都养成了随时清扫、及时更换、随手归置整理的好习惯。在大家的共同努力下，班级里的物品管理整齐有序，有效地支持了班级保教活动的开展。

案例思考：

1．班级物品管理一开始，教师需要先做好哪些工作？

2．出现物品丢失的情况，教师应该怎样做？

案例5-2　班级文档管理——李老师的口袋小什锦

李老师教龄6年，曾获得市教学能手一等奖，多次开展公开课教学活动，得到家长和园领导以及同事的认可。

在一次给新老师介绍经验的教研活动中，她展示了自己的"小法宝"——活页式的文件：她的班里除了幼儿园要求保存和记录的常规文档外，还有一个自己的专属文档，她称为"口袋小什锦"。这是一个活页式的文件，文件里的纸张可以随意地调换顺序和增减。活页纸上有密密麻麻写着心得的便利贴，也有在方框里手写的游戏记录，还有孩子作品的照片……无论是便利贴、还是记录都标注着日期。李老师介绍说，这是她平时在组织教学、观察游戏和生活活动过程中的所感所想，有的是教学过程的反思小结、有的是户外或室内区域游戏的观察记录、有的是在听孩子聊天时发现的孩子的兴趣点和创意、还有的是读书收获……只要是她觉得有价值的，都会随手从衣服口袋里拿出纸或用便利贴记录下来，没有字数限制和格式要求。因为怕灵感一闪而过，在应对无法分身的工作时，她会用一些简单的符号来记录，比如教育用"E"，游戏用"P"或者"G"等。空闲时间再把这些临时记录下来的符号和文字，"移动"到"口袋什锦"的文档上。日常工作的等待和闲暇时间会经常翻阅，因此，她的教学设计总能把握住孩子的兴趣点，教学活动、游戏活动组织的过程中，也能准确地预判孩子的反应。她指着一份文档中的一小句话："小班·《三只小熊》·歌词'熊爸爸胖胖的'对应动作，孩子不理解，需直观演示"，说道"这句话是我上完小班的艺术课《三只小熊》后，随手掏出衣服口袋里的小笔记本快速记下来的，过后又撕下来粘在了'口袋什锦'的活页上。当时的情形是，孩子们熟悉了音律又学习舞蹈动作时，关于'熊爸爸胖胖的'这句歌词对应的动作——两只手臂呈环形、身体左右摇摆，总是记不住。这是因为小班幼儿的思维是自我中心的，没有办法理解'胖胖的熊爸爸'肚子很大，需要用手臂托着大肚子走路。这就需要采取恰当的教学方法，增加孩子的直观经验。所以再次带小班《三只小熊》这节课的时候，我就会利用PPT或穿着大肚子玩偶进行直观演示，加深小朋友们对歌词和动作的理解。"。

教学反思是教师专业成长的有效途径。幼儿园的常规文档比如教案本中，也给"教学反思"留有专门的栏目，方便教师及时反思自己的教学，积累教学经验。因为教案本需要上交，所以教师们在写教学反思时，更注重"美观和规范"，记起来感觉不那么随意。灵光一现的"问题"和"想法"是随时随地都会发生的，还要通过更灵活的方式记录下来，这就需要一个"李老师的口袋"，随时随事进行记录，在记录中积累经验、发现问题、解决问题，逐步实现专业的提升。

案例思考：

1. 李老师是如何利用"口袋小什锦"进行教学反思的？

2. "口袋小什锦"对于文档管理起到了什么作用？这对文档管理有何启发？

任务二　班级物品及文档管理工作流程

　　幼儿园班级中的物品、文档，数量和种类繁多，如果不规范化管理，就会杂乱无章，给后续的保教工作带来麻烦。班级物品和文档管理的实质是平衡人、物、空间之间的关系，让班级物品陈设更为整齐美观，也方便保教工作有序高效进行。教师可按照以下流程进行班级物品和文档管理：

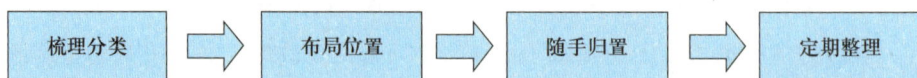

梳理分类 ⇒ 布局位置 ⇒ 随手归置 ⇒ 定期整理

一、梳理分类

　　梳理分类是进行物品和文档管理的第一个阶段。要节省活动室的空间、计算机的存储空间和节约资源，首先要对物品和文档进行分类。

（一）物品的梳理分类

　　物品分类完成之后需进一步确定"必需品"和"非必需品"。如属于"必需品"，则进入下一步的"布局位置"，如属于"非必需品"一类，有保存价值的储存，无保存价值的则丢弃。尤其是各个区角中的学习用品，常常需要根据其使用价值来区分是否保留，并随着主题目标和儿童兴趣的变化进行更换。如小班美工区的橡皮泥，最初幼儿普遍喜欢用拓印模具拓印橡皮泥，两个月后，他们对拓印模具的兴趣降低甚至消失，开始对切割橡皮泥感兴趣。这时候，切割工具就成为"必需品"，而"拓印模具"则成为"非必需品"，需要将拓印模具收纳并储存起来。需要特别注意的是，基础设施和固定资产不需要幼儿园老师考虑"留"和"弃"的问题，因为基础设施和固定资产均由幼儿园统一采购、维修和更换。

（二）文档的梳理分类

　　教师进行文档的梳理分类，首先要明确三个问题，第一，除了幼儿园要求留档的资料，教师进行文档整理的目的是什么？不同的目的下，收集文档的侧重点就不同。如果收集文档的目的是促进自身专业成长，就要注重收集平时学习培训的记录、心得、反思和论文等。如果收集文档的目的是避免安全事故发生，可通过调研，记录事故发生原因、易发地点和人群信息，找到安全隐患。第二，参照表5-2分类后，结合幼儿园和本班特点，打算按哪几个类别来进行文档分类（这也是进行计算机备份的文件夹命名的依据）？不同的类别对应不同的文档盒或文件夹。第三，参照表5-2，每个类别的内容需要装些什么样的文字材料？最后，按照上述思考，制作文件夹或文档盒的标签。

二、布局位置

这一阶段的目标是调整环境和计算机存储空间，使其条理化、清晰化，减少取用物品和文档的时间，提高工作效率。需要做的工作就是将物品和文档进行精准定量定位，任何人都能清楚地知道物品和文档现存数量和存放的区域，如文件夹的位置或计算机的硬盘分区。

（一）布局物品位置

班级物品中的基础设施和固定资产（洗手池、电视机、音像等）由幼儿园后勤统一管理，位置一般是固定的，无需教师布局。

班级中的保育用品，幼儿园一般都有确定的放置区域和标识，保育教师按照要求放置即可。同时，为了方便申领、更换，必须做好定量定位的记录和登记（表5-7）。

表5-7　用品登记表

名称	数量	存放区域	责任人	备注

幼儿个人生活用品（如小毛巾、水杯等）必须专人专用，需要幼儿能准确定位，找到自己的生活用品，避免拿错混用。可采用学号标示的方法，按顺序排列。针对小班幼儿的认知特点，可在幼儿学号的基础上辅之以幼儿照片，以帮助幼儿更快地辨识（图5-3）。

图5-3 毛巾和水杯的学号标识

班级物品管理中的重点和难点是区域材料的管理，区域材料并非投放得越多越好。幼儿注意力集中时间短且易分散，杂乱且缺少明确目的的学习材料，会让幼儿每个材料都想看、都想玩，起不到支撑幼儿学习活动和促进幼儿能力发展的目的。区域材料的管理者不仅仅是教师，还有班里的每一名幼儿。因此，区域材料的放置要考虑幼儿的年龄特点，采用目视化管理方式，将所有玩具柜上贴上图文并茂的标签。这样，幼儿不需要成人的帮助就可以把区域材料放好。对于以形象思维为主的小班幼儿，可以通过区角玩具的照片、制作实物卡片等制作物品存放位置标签。对于向抽象思维过渡的中班幼儿，可以采用图形对应、投影形状来标记位置。对于逻辑能力较强的大班幼儿，可以采用数字、问题符号、自主设计区域标签等方式来一一对应标识位置和实物（图5-4、图5-5、图5-6）。

图5-4 小班图片对应定点标识

图5-5　中班形状投影定点标记

图5-6　大班数字定点标记

（二）布局文档位置

纸质文档的存放，考虑的首要原则就是易放易取。对于"班主任岗位职责、班主任安全工作职责、保育员岗位职责、保育员安全工作职责"等园所制度类文档，需要教师谨记又无需填写的文档，可以将其张贴或悬挂在班级墙上。同时，存放文档的文档盒或文件夹要放置在教师方便拿取的位置，如调用频率较高的幼儿教学和管理类文档，其文件夹要尽量靠前排列存放。文档盒或文件夹中的文档，根据其调用频率，编制一级目录。调用频率高的文字材料在前几个目录，方便快速找到，如"幼儿管理类"的下一级目录为"一、幼儿出勤记录；二、交接班记录；三、晨午检记录……"有些文档在教育教学活动中需要不断收集和积累，其分类和数量会逐渐增多，就会出现一个文档盒与文件夹装不下的情况，如教师的教学计划需要每月、每周都增加月计划和周计划。这时"教学计划"可单独装入一个文件盒和文件夹，单独制定标签，并进一步制定下级目录。目录可以按时间顺序排列，如，2021年6月教学计划的目录命名为"计划21-6"，周计划命名为"第1周、第2周、第3周、第4周"（如图5-7）。

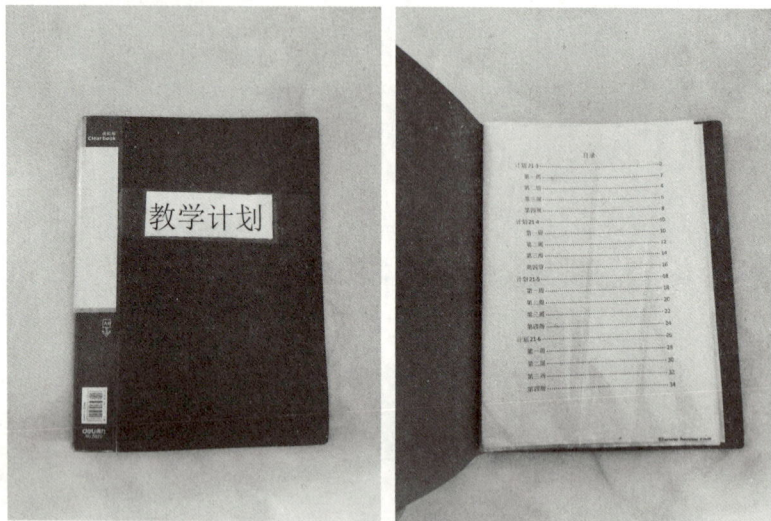

图5-7　班级文件一览表

电子文档是纸质文档的信息化备份和补充，存储在计算机不同分区的硬盘上，需要在纸质文档分类（表5-2）基础上，确定文档的精准位置即存储的硬盘分区。计算机硬盘一般为4分区管理：C盘、D盘、E盘、F盘。C盘是系统盘，当系统需要还原时，整个C盘都被格式化，这时存在C盘里的文档就会全部灰飞烟灭，所以文档存储务必避开C盘，尤其是电脑桌面。除了C盘默认为系统盘和我的文档所在盘，其余硬盘分区可以根据自己的习惯自定义它的功能。比如，D盘可以用于安装软件、E盘可以存放班级文档、F盘可以存放音乐和电影。根据表5-2中文档的分类，将文档以文件夹的形式分类保存在E盘上，文档的二级目录可以建成子文件夹，这样寻找某一个文档的时候就可以非常迅速地逐步找到打开。如，工作计划和总结（文件夹)->2021年6月（文件夹)->第1周计划（文档）、第1周工作总结（文档）。

三、随手归置

班级的物品和文档是支持班级保教工作正常进行的物质条件。有些玩具、材料和物品使用频率非常高，几乎每天都要拿出来使用。为了维持环境和物品的井然有序，教师和幼儿使用玩具、材料和用品后随手归置的习惯就显得非常重要了。

（一）制定物品和文档归置制度，责任到人

为了树立所有教师的责任意识，教师与保育员应在尊重个人意愿的基础上，按照"谁使用、谁保管、谁负责"的民主分工原则，建立健全班级物品、文档归置制度。在物品归置的分工方面，一般来说，保育员主要负责班级保育用品的归置，教师主要负责班级教学用品的归置。虽然有一定的分工与要求，但在实际生活中，由于班级物品及文档的使用在时间与空间上很难做严格划分，所以班级人员也要相互协作与配合。下面是某班级的物品、文档归置制度示例：

樱桃班物品、文档归置制度

为了使班级环境优美、整齐、干净，培养幼儿良好的生活习惯，规范班级物品、文档摆放，加强幼儿园卫生和物品管理，特制定本制度。

1. 玩教具柜依据本班教学要求和幼儿年龄特点，按照拿取方便的原则，合理安排、摆放整齐，玩具摆放按照易拿、易放的原则摆放。（负责人：主班老师）

2. 幼儿水杯、毛巾按学号粘贴号码牌，放在标有相应号码的杯架格里，幼儿自主取放自己的水杯。（负责人：保育老师）

3. 幼儿书包放在贴有相应学号标签的书包柜里。幼儿书包上要写上幼儿姓名，方便幼儿和家长认领。（负责人：配班老师）

4. 幼儿按照标记整齐存放衣物，拿取时要征得老师同意。老师可以在相同的幼儿衣物隐蔽处写上幼儿姓名，以便区别认领。（负责人：配班老师）

5. 幼儿个人的学习用品及区域材料按照固定位置放置，贴有学号标签做标记，幼儿要按照标签存取。个人的学习用品写上幼儿姓名，避免互相混淆。（负责人：主班及配班老师）

6. 幼儿入园时带来的贵重物品、玩具、图书、零食等，接园老师一律收缴，放在固定位置保管，待其回家时归还，并交代家长和幼儿以后不能带以上物品入园。（负责人：接园老师）。

7. 清扫、消毒等用品由保育老师按照卫生消杀要求，按需有序使用和存放。（负责人：保育老师）

8. 文档按类有序存放于文件夹中，新增文档要做好分类编号并及时进行电子备份。（负责人：教师和保育老师）。

（二）幼儿参与物品归置，增强自主管理技能

物品随手归置的责任主体不仅仅是教师和保育员，还包括幼儿，尤其是幼儿的个人用品和区域材料的归置。在上一阶段"布局区域"中，教师已将幼儿个人用品、区域材料进行了定点存放安排和学号标记，这便于幼儿将其放回固定位置。在幼儿

园里，我们偶尔会发现，当收玩具的音乐响起时，有的幼儿不知道用品该放在哪个玩具筐中或者玩具筐应摆放在哪一层玩具柜上，这是因为他们还没有掌握物品定点归置的方法。为此，教师可以通过阅读有关幼儿自理能力的绘本如《妈妈，我自己来》《能干的豆豆》等，提高幼儿归置物品的自主意识。通过谈话活动和现场示范让幼儿认识各种物品摆放的位置和标识，掌握物品归置的技能，再通过实践不断地练习，形成物品归置的习惯。可以让"小值日生"负责监督每个幼儿物品归置情况，提醒做得不好的幼儿做好归置工作。在区域活动中，如果发现有小朋友把玩具一扔就跑，或者把玩具随意带到别的区域，小值日生可以提醒他们回来把玩具放好，否则不让他们继续游戏。小值日生可以是小朋友推荐的，也可以是自己报名的。可以制定区域归置状况一览表（表5-8），每次区域活动结束后由小值日生和所在参与区域游戏的幼儿共同填写。

表5-8 建构区归置情况一览表

	😀	😭
第一面玩具柜（照片）		
第二面玩具柜（照片）		
第三面玩具柜（照片）		
第四面玩具柜（照片）		

（三）文档随手存放、按计划归置

班级文档有固定的文件夹或文档盒存放，教师要做到随手归置，根据目录放回原位。对于需要平时补充和收集的文档，要注意随时整理和归档，避免时间长了遗忘。

以幼儿的成长档案袋为例，有很多幼儿园都要求老师给孩子建成长档案，保留孩子在每个精彩瞬间的照片，并每月写上教师寄语和家长寄语，给孩子留下宝贵的成长印迹。把幼儿三年的表现呈现在一本档案袋中，是一个庞大而又琐碎的工作。如果不把工作分散到每个学期的每周当中，而是在期中或期末的时候统一整理，单是照片整理这一项任务，就会占用大量的时间。比如，一名幼儿在一个主题活动中保留的照片是6张，一学期四个主题活动就是24张，一个班级约35个幼儿，一共是840张照片，另外还有大型活动过程中拍摄的照片，再进一步根据幼儿名字把照片粘贴到档案上，工作量巨大。所以"教师寄语""精彩瞬间"部分，老师可以利用下午备课时间，每次按学号顺序完成几本档案，不要把工作集中到月末。这样也能保证在月末把幼儿档案分发给家长，让家长填写"家长寄语"。

四、定期整理

物品和文档使用过程中，除了常规的清洁工作之外，还需要定期整理。一是，经常使用的物品或文档有时会因为时间紧急归档不正确，导致混乱；二是，随着时间的推移，材料、用具、玩具和文档等会有增加、破损报废、变更等情况，需要据实调整；三是，教师在使用过程中，发现之前的物品或文档有归类不合理、调用不方便的情况，也需要重新调整。

（一）物品的定期整理

物品的定期整理是指对班级中的设施、设备和用品进行清扫、变更和调整的工作，主要包括空间的清扫、物品的维修和报废、原有分类目录调整等。

1. 物品的清洁整理

定期、及时的物品清洁工作，能及时地清除空间的垃圾、灰尘，营造安全、健康、温馨又充满生活美感的环境。这需要幼儿园教师定期清扫、擦拭班级中的设施、设备，清洗和消毒日常用品及玩具等。

2. 物品的维修和报废

物品的维修和报废也是幼儿园教师的常规工作之一。教师在实际工作过程中，经常会遇到物品损坏或遗失的情况。为了保证班级保教工作的正常开展，教师需要及时向幼儿园后勤部门报告，属于合理损耗的要及时领取，属于不合理遗失或损坏的情况，责令责任人视情况维修或赔偿。必须注意的是，需要维修的材料和玩具必须及时维修，以保证安全和正常使用。为了确定物品损坏或遗失的具体情况，需要教师填写《班级物品变损清单》（表5-9）

表5-9　班级物品变损清单

物品名称	单位	数量	变损情况记录	备注

（二）文档的定期整理

1. 发现问题、及时调整

文档管理是一个动态的过程，使用过程中如发现文档归类不合理、文件目录不健全等问题，要及时调整。请看下面的案例：

午餐过后，保健医生来班里收集《入学信息统计表》制作"医保信息统计表"。齐老师拿出"幼儿管理类"文件夹，在里面没有找到《入学信息统计表》。她问李老师最近有没有借出《入学信息统计表》，李老师说好像没有。这时，李老师先让保健医生去其他班收《入学信息统计表》，并对保健老师说，找到本班的表后再送到保健室。午休的时候，李老师和齐老师，把所有的文件夹排查了一遍，没有找到。为了保证今天能把信息表及时交到保健室，李老师给每位家长线上发了一个"问卷星调查表"来收集幼儿信息，对于那些上班较忙不能及时关注消息的家长，又通过打电话才将信息收集全。《入学信息统计表》后来在园长办公室找到了。这次事件不仅浪费了时间，在一定程度上还耽误了班级工作的进程，也给家长带来了麻烦。

事后，李老师和齐老师商量，制作一个《文档借入借出使用记录》表格，用来记录文档的调用。同时，还完善了电子文档的管理，对应纸质文档的分类，命名不同的电子文件夹，分门别类地存放有价值的图片、照片、录像等，把没有电子版的纸质文档，用软件转换成扫描件存入电脑，并向后勤办公室申请了一个移动硬盘用来存放电子文档。这样，即使纸质文档暂时找不到，也不会影响班级工作的正常开展。

2. 及时清理无用文档

文档的定期清理包括无用的纸质文档清理和电子文档的删除。无论是纸质文档还是电子文档，随着时间的流逝，一些时效性强的文档会失去价值，需要删除。在电子文档的编辑、排版、修改过程中，最终版形成之前会出现很多版本，这些版本如不及时清理，也会占用电脑或移动硬盘的存储内存。电子文档利用互联网或者光盘等方式进行传输、存储和使用的过程中，也会产生一些过程性的无用信息，比如缓存文件、软件安装包、注册表等，这些无用信息会占用计算机内存，从而影响计算机运行速度，也需要定期整理。

同样，纸质文档也出现类似的情况。有时，教师平常为了节省时间和精力，偶尔会一股脑地把所有文档材料放到相应的档案盒里，如不定期整理，就会导致文档的混乱。教师进行定期整理时，按目录有序规整，同时去除杂乱的文档，留下有用的材料。如幼儿成长档案中，把随手归置的幼儿作品，进行定期整理，删除不能体现幼儿成长过程的作品。教师专业成长档案中，删除随手归置的培训会议通知、无用的笔记等。

3. 多种形式存储

在电脑办公常态化的今天，很多文档需要用电脑编辑处理，而且电子文档可以实现文字、图片、音频、视频的快捷存储，有纸质文档无法比拟的优势，所以幼儿园很多文档都以电子文档存储。但纸质文档在幼儿园班级管理工作中，也仍然发挥着重要作用，像幼儿出勤记录、交接班记录、晨午检记录等即时性的文档，就没法让幼儿园教师坐到电脑前完成。所以幼儿园教师要根据文档的性质，采取多样化的存储形式。具有长期保存价值的电子文档，要存储到移动硬盘或转换成纸质文档。重要且需要长期保存的纸质文档，也要同时转换为电子文档。

纸质文档的整理既是一门科学，也是一门艺术。一盒盒整理得漂亮美观的文档，不仅使班级环境整洁有序，也能带给人赏心悦目的视觉享受。

任务三　班级物品及文档管理工作要点

在管理班级物品及文档的过程中，需要把握重点，才能使人们不至于被管理这些物品和文档所累，能很好地将其归置、整理，让班级内的一切都井井有条、充满秩序感。

一、定位要清晰

班级内的物品种类繁多，许多小型物品应定点存放，做好数字标识等，做到目视化管理。装物品的容器也可用不同的颜色加以区分，在容器外面贴上醒目的标签以便于寻找。比如用红色的盒子放泥工材料，用绿色的盒子放纸工材料，用蓝色的盒子放木质材料等。无论是教师还是幼儿在使用物品时，都能先在头脑中清晰准确定位到物品位置，提高活动效率。

同样，班级文档众多，有幼儿园发布的各种通知和管理规定，也有日常需要记录填写的幼儿出勤表、晨午检记录、消毒记录等，还有需要定期整理的教研活动记录。庞杂的文档如果一股脑地放在一起，在使用时就很难找到，浪费工作时间、降低工作效率。因此，就需要根据表5-2对班级内的现有文档进行分类，根据类别存储在对应的文档盒或计算机文件夹中，做好文件盒的标签与计算机文件夹的命名，并做好目录。调用结束后，要按照目录的顺序放回，这样就会保持文档的整齐有序。对于需要随时和定期补充收集的文档，要及时整理，做到按部就班。

二、分工要明确

物品文档管理涉及班级中的每一个成员，教师与保育员应在尊重个人意愿的基础上，按照"谁使用、谁保管、谁负责"的分工原则，建立健全班级物品文档管理制度，负责人对班级物品和文档要做好整理归纳、保管齐全，随时取用，并做好记录。

同时，在幼儿经常使用的物品和玩具管理方面，教师一定要懂得激发幼儿的主动性，不能总是跟在幼儿屁股后面收拾。幼儿也是班级管理的主体，尤其是对中班、大班幼儿，教师要注意激发幼儿参与班级物品管理的积极性和主动性，培养幼儿的责任感。通过给幼儿提供物品管理的机会，培养幼儿的物品管理意识，提高幼儿物品管理的能力，培养幼儿的秩序感与生活自理能力，养成物归原处的良好习惯，真正发挥物品管理服务教育教学的作用。

三、整理要及时

班级中的物品需要及时清理、定期整理，以保持物品的清洁、卫生、有序，这不仅能为幼儿学习创造一个洁净、优美、方便的物质环境，更能培养幼儿爱干净、整洁的习惯，维护环境干净整洁的意识和责任心。如果等到各类物品上积满了灰尘，再来清理，就会耗时耗力，有时也会形成破罐子破摔的心理，更加懒得收拾了。对于坏损的物品要及时调整、更换或者丢弃，避免留下安全隐患。

文档的整理也要及时，不能把大量工作留到学期末，积压的文档越多，整理起来越耗时。尤其是电子文档，一定要定期整理。比如定期将幼儿成长档案中的照片导入到计算机，随时把照片按幼儿的名字存入文件夹，定期整理模糊、不清晰以及只有一个头像的照片，定期对每张照片进行文字说明等。只有及时导入、随时整理才能避免丢失、工作积压等问题。电子文档容易出现损坏、系统崩溃等问题，因此要经常将电子文档拷贝到移动硬盘备份。也可以将重要的电子文档信息打印成纸质文档进行备份，以防丢失。

拓展学习

一、物品管理中的安全隐患

1. 生病幼儿的家长会带一些当天服用的药物，这些药物如果放在幼儿能够拿到的地方，可能会被其他幼儿误食。

2. 为了给幼儿削水果，班级里都会备着水果刀。如果水果刀随手乱放，一旦被幼儿拿到，就有可能伤害到幼儿。

3. 班级里时常会摆放一些盒子、箱子来放置物品，幼儿出于好奇经常踮着脚摸一摸，不小心扒下来正好砸在身上。如果物体有棱角，幼儿容易受伤。

4. 洗消用品是每个班级里必备的，有些是装在饮料瓶子里。有时教师用完后很随意地放在盥洗室。幼儿发现后，有可能会拿起来玩，或者当成可以喝的饮料误食。

5. 班级里的暖壶、保温桶是给幼儿倒水、晾水的，打好开水后就应该放置在幼儿不易触碰到的地方。如果幼儿不小心碰倒，后果不堪设想。

6. 班级的一些电气设备如多媒体、电脑、录音机以及遥控器等，如果没有摆放到安全位置，在幼儿摆弄电器时，有可能触碰电源接口，导致触电；如果随意摆放，幼儿拿到可能会抠出里面的电池玩耍，带来严重安全隐患。

二、班级物品管理的方法

1. 班级有生病的幼儿需携带药品

（1）在班里设置专门的药物分类袋，分类袋上标明幼儿服用药品的名称和时间。

（2）一定把药品分类袋放置在幼儿用手碰不到的地方，按时给幼儿服用。

2. 班级里有水果刀

（1）水果刀是教师给幼儿削水果用的，最好是折叠刀。如果不是带有安全套的刀，平时不用的时候要放在幼儿拿不到的地方。使用的时候拿出来，使用完毕及时放回原处。

（2）对幼儿进行尖利物品使用的安全教育，让他们懂得尖利物品会带来伤害。

3. 班级中箱子、盒子

班级中的桌子和幼儿能够伸手触碰到的柜上，尽量不要放箱子、盒子或者带有棱角的物品。如果临时需要，工作完毕后一定要及时清走。

4. 盥洗室的消毒液和洗消用品：

（1）教师在生活中要通过不同途径为幼儿讲解洗消用品的作用，告诉幼儿洗消用品不能食用，和幼儿一起给此类用品制作不能触碰的标志。

（2）班级里的消毒液、洗消用品，尽量不用饮料瓶子盛装，以免幼儿误食。

（3）所有的消毒液、洗消用品应该放置在幼儿碰触不到的地方，使用完毕后马上放回原位。

（4）幼儿进行盥洗和喝水时，至少要有一名教师随同；在只有一名教师的情况下，教师的站位要保证既能够看到盥洗室里的幼儿，也能看到其他地方的幼儿。

5. 班级中的电气设备

经常检查班级电气设备是否有漏电或者线路损坏现象，不把电源插头裸露在外面。长期不用的设备随时清理出班级。

电气设备放置在高处，日常生活中培养幼儿不随意摆弄班级中电气设备的好习惯。

——苏晖.幼儿园安全管理实用手册[M].（中国农业出版社，2016.）

实践园地

思考与练习

案例一　误将洗涤灵当饮料

　　4岁的楠楠活泼好动。一次去盥洗室洗手，发现了洗手台上用可乐瓶装着的洗涤灵，以为里面装的是可乐，拿起瓶子就把洗涤灵倒入嘴里。由于入口后味道不对，楠楠开始大口大口地呕吐。当其他小朋友把老师叫过来时，楠楠的脸都吐白了。

案例二　水果刀要放好

　　5岁的明明在班级里拿着"奥特曼"玩耍，玩着玩着发现了玩具柜上摆放的水果刀，就随手拿起当武器，对着小朋友挥舞起来，一下划到其他小朋友脸上，小朋友脸上立即流血了。水果刀原是老师用来裁纸的，裁好纸就把刀放在了玩具柜上，导致了这一事故的发生。

　　试结合以上材料分析，班级物品管理工作中，养成物品随手归置习惯的重要性。

项目六

6

有"力"——家园合作及社区资源利用

学习目标

知识目标：

☐ 熟悉家园合作及社区资源利用的概念；
☐ 了解家园合作及社区资源利用的意义与价值；
☐ 熟悉家园合作及社区资源利用的形式与方法；
☐ 掌握家园合作及社区资源利用的流程及具体要求。

能力目标：

☐ 能充分做好班级家委会的各项工作；
☐ 能有效利用社区资源，举办丰富多彩的活动；
☐ 能充分调动各种资源为教育所用。

素质目标：

☐ 具有资源利用意识，重视并充分利用家庭和社区资源做好班级管理工作。
☐ 树立大教育观，不仅重视幼儿园教育，还具有家园合作共育意识，积极与家长沟通与配合，形成教育合力，共同教育幼儿。
☐ 具有团队合作意识，重视与家长、社区人员建立良好的合作关系。
☐ 树立国际化视野，积极学习和借鉴国外先进的社区教育经验，做好我国家园社区合作共育工作。

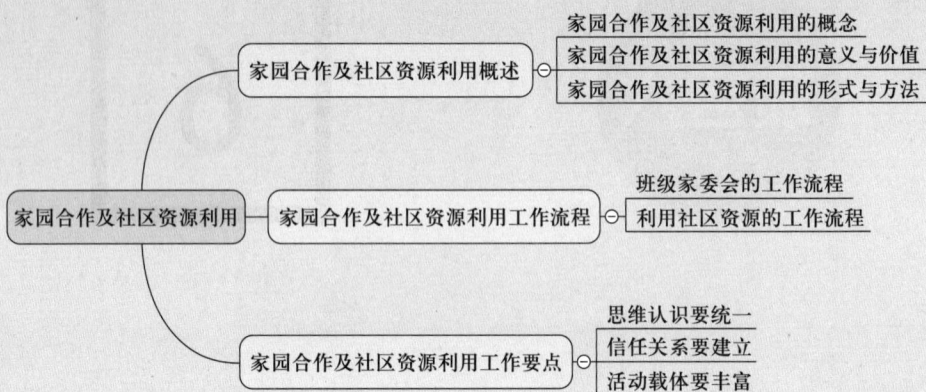

家园合作及社区资源利用概述
- 家园合作及社区资源利用的概念
- 家园合作及社区资源利用的意义与价值
- 家园合作及社区资源利用的形式与方法

家园合作及社区资源利用

家园合作及社区资源利用工作流程
- 班级家委会的工作流程
- 利用社区资源的工作流程

家园合作及社区资源利用工作要点
- 思维认识要统一
- 信任关系要建立
- 活动载体要丰富

任务一　家园合作及社区资源利用概述

一、家园合作及社区资源利用的概念

　　家园合作是指，幼儿园和家庭都把自己当作促进幼儿发展的主体，双方积极主动地相互了解，相互配合，相互支持，通过幼儿园和家庭的双向互动，共同促进幼儿的身心发展。在家园合作中，幼儿园应该处于主导地位。

　　社区资源利用是指幼儿园教育者基于教育活动开展的需要，选择开发社区教育资源，利用与本园教育活动具有较高适应性的社区教育资源。幼儿园通过协商、组织与反馈的方式，与社区就人力、物力、文化与信息四大资源对接，达成双方教育资源共享，互惠互利的效果。

二、家园合作及社区资源利用的意义与价值

（一）家园合作，形成教育合力

　　幼儿的教育过程是一个复杂的多因素相互作用过程，仅仅靠幼儿园或是家庭单方面的力量都是不够的。家园合作，就是通过各种途径使幼儿园与家庭建立一种合作、互补的关系，实现家园配合，同步教育，共同促进幼儿全方面成长。

　　家园合作是现代教育的需要。《幼儿园教育指导纲要》中指出："家庭是幼儿园重要的合作伙伴。应本着尊重、平等、合作的原则，争取家长的理解、支持和主动参与，并积极支持、帮助家长提高教育能力。"家园合作是幼儿园教育的一个重要组成部分，是促进幼儿健康成长的重要途径。

　　家园合作能有效提高教育效率。家庭是孩子的第一所学校，家长是孩子的第一任教师。家长虽然不是专业的教育工作者，但对孩子身体力行的教育和耳濡目染的影响，却是深远且持久的。相对于家庭教育而言，幼儿园教育的系统化、规范化、制度化、科学化，是它的最大特点和优势所在。可见，家庭教育和幼儿园教育各有优势和局限，因此只有二者紧密结合，才可以使来自双方的教育影响具有一致性、连续性、互补性。一方面，幼儿在幼儿园获得的经验能够在家庭中得到巩固和发展；另一方面，幼儿在家庭获得的经验能够在幼儿园学习过程中得到运用、扩展和提升，

从而最大限度地形成教育合力，促进幼儿全面、和谐发展。

（二）有效利用社区资源，促进幼儿全方面发展

《幼儿园教育指导纲要》在总则中指出："幼儿园应与家庭、社区密切合作，与小学相互衔接，综合利用各种教育资源，共同为幼儿的发展创造良好的条件。"在实施中指出："充分利用自然环境和社区的教育资源，扩展幼儿生活和学习的空间。幼儿园同时应为社区的早期教育提供服务。"

社区是社会环境中与幼儿园关系最为密切的一部分。幼儿园周围的社区也是幼儿十分熟悉的地方，社区的自然环境和人文环境在幼儿的成长，特别是幼儿的精神成长中，有着特殊的意义。幼儿园有效利用社区资源，为幼儿提供了亲近社会、走进社会、熟悉社会的机会。幼儿通过真实的社会活动，开阔了视野，丰富了知识，提高了各方面能力，萌发了情感，促进了幼儿全方面发展。此外，社区资源能够丰富幼儿园课程，走进社区后，一些课程内容在社区中得以落实，弥补了幼儿园内活动的不足，能够有效促进幼儿身心健康发展。

三、家园合作及社区资源利用的形式与方法

（一）家长委员会

《幼儿园工作规程》第五十四条明确规定："幼儿园应当成立家长委员会。家长委员会的主要任务是：对幼儿园重要决策和事关幼儿切身利益的事项提出意见和建议；发挥家长的专业和资源优势，支持幼儿园保育教育工作；帮助家长了解幼儿园工作计划和要求，协助幼儿园开展家庭教育指导和交流。"家委会作为家长与幼儿园联系的纽带和桥梁，在疏通家园信息渠道方面发挥着巨大作用，使家长更加了解幼儿园的教育计划和要求，也使幼儿园能及时了解家长的意见和建议，这对提高幼儿园管理水平和保教质量十分有利。

家长委员会一般有幼儿园家委会和班级家委会，由各班选举推荐关心班级工作、热心为集体服务、同时又教子有方的家长组成。每学期要定期召开会议，汇报工作计划、安排和要求，听取家长代表对管理、教学、伙食、卫生等方面的反馈意见；学期末，将幼儿园、班级的各项工作向家长委员会作出汇报，由此让家长委员会清楚了解幼儿园、班级各方面的情况，从而实现民主管理和家园合作。

（二）社区资源的"请进来"与"走出去"

1. 请进来

"请进来"就是将社区教育资源邀请到幼儿园里来开展活动，比如教师邀请幼儿

熟悉或者感兴趣的职业人员进入班级参与保教活动。一方面是利用职业人员的自身优势，如艺术家可以带幼儿感受艺术的魅力，军人能带幼儿体验军人叔叔训练的严肃与端正。另一方面，各类职业人员能为幼儿提供相关的专业知识，如医生能告诉幼儿身体生长的秘密，厨师能告诉幼儿各种食物是如何制作出来的。

2. 走出去

"走出去"即教师和幼儿走出幼儿园，来到社区开展活动，侧重于幼儿亲身感受、观察、体验。如在"长大了我也要当解放军"的活动中，教师组织孩子们来到军营里，参观解放军叔叔的活动场地，观看解放军叔叔的队列训练，跟解放军叔叔学习站军姿，听解放军叔叔讲故事，并一起做游戏。

案例分析

本节共呈现两个实践案例，分别展现家园合作和社区资源利用是如何进行的，大家可以阅读学习。

案例6-1 家园合作——班级家委会的故事

班级基本信息：小班，25名幼儿（男孩12名，女孩13名）

开学初，为了尽快熟悉家长，了解幼儿的家庭教养情况，小五班请家长填写了幼儿家庭情况统计表（表6-1）。

表6-1 小五班幼儿家庭情况统计表

幼儿学号	幼儿姓名	是否独生	主要照料人	父亲姓名	工作单位	电话	母亲姓名	工作单位	电话
1	希希	是	姥姥、妈妈	张强	医院	***	李静	小学	***
2	平平	否	奶奶	刘一涛	航空公司	***	张怡	航空公司	***
3	睿睿	否	妈妈	李建	建筑公司	***	王新	大学	***
4	乐乐	是	奶奶	胡峰	公司	***	张娜	培训学校	***
5	浩浩	否	妈妈	李志	律师事务所	***	马双	无	***
6	森森	否	奶奶、爸爸	付伟	自由职业	***	刘婷	公司	***
7	熙熙	否	奶奶、妈妈	陈川	银行	***	张爽	银行	***
8	佳佳	是	奶奶	李东	公安局	***	王宁	医院	***
9	洋洋	否	姥姥、妈妈	王磊	公司	***	李莉	公司	***
10	飞飞	否	奶奶	王坤	医院	***	张娟	医院	***
11	晨晨	否	奶奶	杨光	部队	***	马琳	税务局	***
12	雨雨	否	爸爸、妈妈	刘星	大学	***	张梦	报社	***
13	岳岳	是	爸爸、妈妈	陈波	个体	***	刘妍	公司	***
14	妍妍	否	姥姥	李鹏	银行	***	王敏	小学	***
15	轩轩	否	奶奶	高军	医院	***	徐华	医院	***

通过统计表，教师了解到，小五班有三分之二的幼儿来自二胎家庭，平时大多由祖辈家长和妈妈照看。班里大部分家长在企事业单位工作，素养普遍较高。其中，浩浩妈妈是一位全职妈妈，平时老师在班级群里发的通知她总是第一个回复，而且经常和老师留言互动。

一天下午2点多，班主任王老师在群里紧急通知：明天班级有活动，所有孩子明天尽量穿红色上衣来园。正当工作时间，有些孩子家里没有红色上衣，这让家长犯了难，虽然老师说了尽量穿，实在没有可以不穿，但好多家长不想给班级、孩子拖后腿，都在想办法解决。正在大家一筹莫展之际，浩浩妈妈在群里发声了，她说自己准备出去找店家给孩子买红色上衣，大家需要的话她可以帮忙代买。其他家长一听都感激不已，十几个家长拜托浩浩妈妈代买。放学时，只见浩浩妈妈提着一个大大的黑色塑料袋站在幼儿园门口，边给大家发衣服，边说："我直接开车去批发市场买回来的，质量一般但价格便宜，大家别嫌弃哈。"家长们连连道谢，场面热闹非凡。

几天后，王老师在家长群里发了班级家委会招募的通知，需要招募6名家委会成员。睿睿妈妈、洋洋妈妈、熙熙妈妈、雨雨爸爸和岳岳爸爸5位家长先后报了名，而大家都觉得肯定会报名的浩浩妈妈却迟迟没联系老师报名。马上要到报名截止时间了，仍没有其他家长报名。王老师和班里其他两位老师商量后，都觉得浩浩妈妈是非常合适的人选，于是在放学后特意把浩浩妈妈留下来单独沟通。

一开始浩浩妈妈一脸疑惑，不知道什么事情。王老师笑脸迎上去："浩浩在幼儿园表现真是不错，自理能力挺强，自己穿脱衣服可熟练了，老师们经常夸他。"浩浩妈妈一听笑着回道："谢谢老师，都是老师们教得好。"王老师说："这离不开你们良好的家庭教育呀！和您接触下来，我觉得您对孩子的教育比较有想法，也特别上心。班里的所有老师都觉得您特别适合加入家委会，为其他家长树立榜样，您觉得怎么样？"浩浩妈妈说："老师，我很乐意为咱们班级和孩子们服务，但我好久没工作了，觉得自己能力有所欠缺，也没有家委会的经验，真怕自己做不好，不能胜任家委会的职位。"王老师说："不要有压力，家委会只是协助老师工作，主要是希望通过家委会向其他家长传递积极正面的教育理念，为孩子成长创造更好的条件。您之前对班级事情的热心让我们都非常感动，大家都相信您肯定行的。"浩浩妈妈："谢谢老师的认可和信任，那我就试一试吧！"

浩浩妈妈同意后，小五班的家委会成员正式招募完成。第二天，王老师把家委会的6名家长召集到班里。一开始，大家彼此都不熟悉，家长们像孩子一样乖巧地坐在小椅子上。王老师见状，先和大家聊了聊家常，问问孩子们在家的表现。一说起孩子来，家长们都有滔滔不绝的话题。"我家孩子说幼儿园的饭可好吃了，比妈妈做得都好吃""我家也是，说最爱吃幼儿园的包子"。一来一往间气氛就热烈了起来。王老师又问："大家对家委会了解吗，之前有没有家委会工作经历？"睿睿妈妈和熙熙妈妈之前都是大宝班里的家委会成员，已经有了几年的家委会工作经历，其他家长都是第一次进入家委会。基于这样的情况，王老师给大家介绍了家委会的职责、作用以及工作内容等。到了分工的时候，大家一致推选有经验的睿睿妈妈做会长，总体负责组织协调家委会的各项活动，熙熙妈妈做副会长，配合会长做各项活动的筹备、联络与协调。到组织、宣传组了，洋洋妈妈和浩浩妈妈主动请缨，正好她们对拍照、公众号等比较有兴趣，想要承担这方面工作。岳岳爸爸笑着说道："我们两位男家长自动加入安全组吧！"雨雨爸爸也挺逗："就这么愉快地决定了，正好我也没有其他特长。"一句话引得大家哈哈大笑，家委会的气氛更融洽了。会后，王老师将家委会成员的分工信息公布在班级群里，大家纷纷对家委会的成立表示祝贺。家委会成员也纷纷表态，表示今后将尽全力为班级、幼儿和家长服务。

　　家委会成立几天后，王老师决定趁热打铁，召开一次家委会会议，向大家征集本学期班级活动方案。会上，睿睿妈妈说："我们小五班刚组建不久，家长和孩子们彼此之间都不熟悉，睿睿回家总是说他和轩轩玩得特别好，我听了就特别想认识班里孩子和家长们。咱们要不要组织一次集体活动，给大家一个机会相互认识。""嗯嗯，熙熙回家后给我说了一串小朋友的名字，我一个也没对上号，太想认识认识她们了。"大家都有同感，现在需要一次集体活动让大家熟悉起来。什么活动好呢？通过讨论，大家一致赞同洋洋妈妈的提议——组织亲子野餐活动。家长和孩子一块儿去公园野餐，不仅能快速让本来不熟悉的新生家长和孩子们拉近距离，也能让孩子感受野餐的乐趣，让家长回味儿时的记忆。大家一拍即合，热情高涨，开始热烈地商量野餐的细节。先确定时间，洋洋妈妈说："这周末怎么样，这一周的时间给大家准备材料。"王老师查看天气预报后说："这周末有小雨呢，咱们选一个天气好、大家都有空的时间吧。""那就下周末吧，我看那天的天气挺好的。"睿睿妈妈接着说："森林公园的环境挺不错的，我们去那看看风景，吃吃美食很是惬意。"浩浩妈妈说道："大家都准备好野餐垫和各种各样的食物，到时候边吃边说边玩，孩子们肯定特别高兴。"雨雨爸爸拍着浩浩爸爸的背说："我俩就负责安保，确保活动那天大人、孩子都平平安安的。"王老师听了大家的讨论，补充说："活动前我们一定要把每个环节都想细致，包括大家怎么集合，怎么出行，到地方之后先干什么后干什么，除了野餐外，我们要不要玩几个集体游戏。"家委会成员边听边点头，睿睿妈妈开口道："还是老师考虑得周全，我们还是从头到尾好好讨论一下吧！"接下来的一个小时里，家委会成员们在王老师的指导下展开了头脑风暴，从活动时间、活动地点、活动准备、人员分工到活动流程再到安全预案，事无巨细，把细节安排得清清楚楚、明明白白。商量好后，大家便按照分工分头开始准备了。

　　活动当天阳光温暖，秋高气爽。上午10点，一行人来到了约定的草坪，一下车，孩子们便精神倍增，大人们也很是兴奋。睿睿妈妈先组织大家点名，然后就到了游戏时间，大家认真听完睿睿妈妈讲解《两人三足》的游戏玩法后，家长队率先上场了。家长们彼此之间还不熟悉，也是第一次合作，人多嘴杂，各有各的主张。这时候雨雨爸爸颇有领导风范地站了出来，他指挥大家统一把绑带绑到脚踝处，大家手挽手，每组选一名家长负责喊口号。果然，在雨雨爸爸的指挥下，本来混乱的现场变得井然有序。接下来轮到孩子们出场了，虽然有家长示范在前，但毕竟是第一次玩这个游戏，好多孩子还是有些不知所措。这时候家委会的6位成员主动上阵，他们提醒孩子们站位，叮嘱技术要领，"要听叔叔口令""要一起抬脚""先迈左脚"，真是千叮万嘱，不厌其烦。哨声吹响，比赛开始了，孩子们动作缓慢，憨态可掬，赢得了家长们的阵阵掌声和加油声。这虽然算不上真正的比赛，却为大家带来了无尽的欢笑声。

接下来就是孩子们最为期待的寻宝游戏了。之前，家委会成员早早地来到公园，把精心为全体孩子准备的小礼物藏到了公园各处。寻宝环节中，睿睿妈妈给每组亲子发放寻宝图，并介绍寻宝规则：一组家庭只能找一个宝藏，如果找多了就送给其他小朋友。寻宝游戏开始，每对亲子都化身探险家，不停穿梭于花丛、树林、草地上。"耶，我找到宝藏了！""我也找到了！"现场不时传来孩子们开心的声音。眼看越来越多的小朋友都陆续找到了宝藏，月月开始着急了。她嘴里不停地嘟囔着："我还没有，我也想要。"月月妈妈边安慰月月边耐心地继续帮忙寻找，在仔细翻找了一处草丛仍没有找到后，月月终于绷不住哭了出来。周围的几个小朋友听到哭声都围过来安慰月月，可愿望没得到满足的月月仍然哭得很伤心。这时候沫沫拉着妈妈的手过来了，她把手里的宝藏一把塞到月月怀里说："我找到两个，给你一个吧。"月月扑闪扑闪还带着泪珠的眼睛，一会儿就不哭了。月月妈妈忙说："快谢谢小朋友。""谢谢！""小朋友，你叫什么名字呀？""我叫沫沫。""哦，你就是沫沫呀，常听月月在家提起你，以后你们可以经常一块玩呀！"

愉快的游戏后，大家开始准备野餐。睿睿妈妈把所有家庭按照学号顺序进行分组，每4个家庭一组，一共分了6组，家委会6人各带一个小组。分好组，各个小组开始忙着铺野餐垫，孩子们迫不及待地将包里自己带的各种食物往外拿。不一会儿，每个小组的野餐垫上都摆满了琳琅满目的食物。大家围坐在一起，边吃边说，不一会儿，每个小组都聊得热火朝天了。本来不熟悉的孩子，在你给我一个饼干，我给你一块蛋糕的分享中，很快就玩到一块了。本来不熟悉的家长，在天南海北的聊天中，也逐渐认识和了解了彼此。这边一位男家长拿着一串糖葫芦，装作烤羊肉串的样子逗小朋友开心，他边撒"孜然"，边模仿新疆人吆喝："羊肉串，羊肉串！新疆羊肉串！"引得孩子们纷纷模仿，家长们哈哈大笑。其他组的孩子们见状也纷纷过来"串门"，小组的界限打破后，越来越多的家长和孩子加入了"串门"的行列，每串一次门大家都认识了新的朋友，有了新的玩伴。在这样欢快的氛围中，大家边吃边说边笑，欢声笑语不绝于耳。

饭后，睿睿妈妈告诉大家有半小时的自由活动时间，之后原地集合拍大合照。解散后，家长和孩子们有的说说笑笑，畅谈趣事，有的到处走走观赏美景，有的拿起手机频频拍照，有的手拉手并步前行，好一派热闹景象。在开阔的大自然里，而且有爸爸妈妈在场，孩子们特别兴奋，纷纷向爸爸妈妈介绍自己的好朋友。有些平时不太说话，性格内向的孩子，也变得活跃起来，在草地上跑来跑去。不知不觉中，半小时很快就过去了。

拍完大合影后，大家依依不舍地告别，各自乘车返程了。平日里，大家工作繁忙，心弦绷紧；这一天，天空、草地，自由宽广，心境飞扬，孩子们欣赏到了美景，放松了心情，锻炼了身体，磨炼了意志，增强了团队意识。家长与老师走得更近了，与孩子走得更近了，家长之间也有了更多交流。

案例思考：

1．家委会组建过程中教师需要做哪些工作？

2．家委会组织活动时教师需要做哪些工作？

案例6-2　社区资源利用——"请进来"和"走出去"

活动名称：消防员叔叔进课堂，安全陪伴我成长

［活动缘起］

幼儿园中四班开展了"家长进课堂"活动。诚诚爸爸是一名消防员，他主动联系班主任刘老师，想要报名参加班里的这个活动。

［活动准备］

1．刘老师向诚诚爸爸了解他对于活动的想法，沟通活动主题、内容、准备、流程以及教法。

2．诚诚爸爸准备教案、PPT、教具等材料。

3．刘老师从幼儿教育专业角度对诚诚爸爸的教案、PPT、教具等提出指导或修改意见。

4．诚诚爸爸修改并完善活动方案。

5．刘老师与诚诚爸爸商定活动时间。

6．刘老师在班级群内向家长和幼儿预告本次活动。

［请进来］

1．吃完早饭后，刘老师通过带领幼儿观看视频，向幼儿介绍消防员每日的工作、生活、学习、训练、紧急救援等情景。

2．欢迎消防员叔叔。刘老师说："消防员叔叔的本领可真大呀！今天我们就把消防员叔叔请来了。"诚诚爸爸进来后，刘老师引导幼儿有礼貌地欢迎消防员叔叔，用自己

喜欢的方式向消防员叔叔表达自己的喜爱和尊敬，有的小朋友说好听的话，有的送一个大大的拥抱等。

3. 消防员叔叔给孩子们讲课。消防员叔叔向孩子们提问了一些消防知识："孩子们，你们知道安全指示标志是什么样的吗？"小朋友回答："是绿色的牌子。"

消防员叔叔说："在发生火灾时，我们要按照指示灯指示的方向，到达安全的地方。孩子们，发生火灾时，我们应该拨打什么电话求救呢？"小朋友说："119。"

消防员叔叔说："火灾发生时，我们应该怎样保护自己呢？"小朋友说："不能坐电梯，要走楼梯。要弯下腰走，还要用湿的毛巾捂住嘴巴和鼻子。"消防员叔叔："对，警报响起时，小朋友们首先不要慌张害怕，然后尽量找块小手绢弄湿，捂住嘴巴、鼻子，弯腰抱头，好好听老师或家长的指挥，按照安全指示标志逃离火灾现场，不慌张、不害怕、沉着冷静。"

4. 火灾逃生演练。在消防员叔叔的指导下，中四班教师和幼儿进行了一次火灾逃生演习。警报声响起后，教师迅速按照疏散路线，带领幼儿快速、有序地撤离。

5. 感谢消防员叔叔。最后，刘老师带领幼儿谢谢消防员叔叔的到来，并与他亲切告别。

6. 刘老师将本次活动中拍下的精彩照片上传到班级群，并感谢诚诚爸爸带来的生动、有趣的"家长进课堂"活动，鼓励其他家长积极参与。

[走出去]

自从消防员叔叔进课堂后，中四班的孩子们对于消防员这个职业非常感兴趣，经常在谈话中表露出对消防员的崇拜之情，还主动收集了有关消防员的资料，有图片、书籍、照片等。看到孩子们兴趣浓厚，刘老师也深有感触。她主动与诚诚爸爸联系，希望能在不影响消防队工作的前提下，带领幼儿亲身到消防队参观一下。诚诚爸爸对刘老师的想法非常支持，表示他先去和单位沟通一下再给刘老师答复。不久，诚诚爸爸回复，参观活动可以成行。

得到肯定答复后，刘老师与诚诚爸爸商量了参观的流程、细节、注意事项以及参观时间。之后，刘老师拟定好参观活动方案，并上报幼儿园领导。在得到园长同意后，中四班所有教师、家长志愿者带领幼儿走进了消防大队，开始了美妙的参观之旅。

在消防员叔叔的带领下，孩子们参观了消防车辆和一些随车器材装备，详细了解了各类消防车的名称、功能、操作事项及各类救援器材在灭火救援任务中的功能和使用方法，在消防员叔叔手把手地指导下，体验了穿战斗服、佩戴消防头盔等项目，当了一回小小"消防员"。

整个活动过程中，每一个孩子都难掩心中的震撼，发出阵阵赞叹。通过参与各项体验，在看一看、摸一摸、穿一穿等活动中，大家更真切、更全面地了解了消防器械及消防安全知识，在潜意识里种下了消防安全的种子。

　　活动后回到班里，刘老师组织幼儿进行了表征、分享、交流活动。孩子们通过画一画、说一说等形式，把参观消防队的所见所闻、所思所想分享给更多的人。

案例思考：

1. 社区可以利用的资源有哪些？

2. 在开展社区活动时，教师要做哪些准备？

任务二　家园合作及社区资源利用工作流程

家庭、幼儿园和社区是幼儿成长的重要环境，在幼儿成长的过程中发挥着重要的作用。家庭教育是基础，幼儿园教育是主导，社区教育是家庭教育和幼儿园教育的补充和延伸。三方互相配合、协同共育，才能建构幼儿身心和谐发展所需的生活场所与教育环境。家园合作与社区资源利用方面的工作流程稍有不同，下面分开阐述。

一、班级家委会的工作流程

接手一个新班级后，教师要进行班级家委会的组建，这是家园合作的一个重要渠道。家委会组建成功后，要充分发挥家委会的作用，开展一系列活动，也要定期进行工作总结，为下一步的工作打下坚实的基础。具体流程如下：

家委会的组建 ⇒ 家委会的运作 ⇒ 定期进行家委会工作总结

（一）家委会的组建

1. 前期了解

班级成立之初，教师一般会请家长填写《幼儿家庭情况统计表》。通过该统计表，教师对幼儿家庭基本情况就有了一定的了解。同时，通过日常家园沟通，如来离园时的谈话，微信、班级群里的沟通等，教师能了解家长的脾气性格、对幼儿园工作的热心程度等情况，做到自己心中有数。

2. 发放招募通知

教师可通过班级QQ群、微信群向家长们发放班级家委会招募的通知，传达想建立家委会的信息，请家长们踊跃报名。

下面是班级家委会招募通知示例：

小五班班级家委会招募通知

亲爱的家长朋友：

《幼儿园教育指导纲要》指出："社会学习是一个漫长的积累过程，需要幼儿园、家庭和社会密切合作、协调一致，共同促进幼儿良好社会性品质的形成。"教育学家陈鹤琴先生也非常重视家园合作的重要性，曾多次强调：幼儿教育不是家庭或幼儿园哪一方面可以单独胜任的。

为了充分发挥家长在幼儿园发展和幼儿教育中的作用，促进幼儿园和家长的沟通与合作，特设立班级家长委员会。在这里，您可以参与、支持、监督、促进班级的管理、教育、后勤等各项工作，还可以提高家庭教育的能力和水平。

以下内容是家长委员会报名条件和委员会组织架构及主要职责，请您认真阅读。然后根据自己的情况，自我推荐或者互相推荐，进行报名。

家长委员会报名条件：

1. 家委会成员重视幼儿教育，能及时参加家委会组织的活动，乐意为班级工作献计献策。

2. 家委会成员要有爱心，关心幼儿园教育工作，有服务精神，主动、及时地向幼儿园反馈信息，并提出意见或建议。

家长委员会组织架构及主要职责：

1. 会长（1名）

（1）总体负责组织协调家委会的各项活动。

（2）协助教师召集家委会会议及做好会议纪要。

（3）协助班级教师进行各项活动的安排与部署。

2. 副会长（1名）

（1）配合会长做好班级各项活动的筹备、联络与协调。

（2）必要时可代理行使会长职责。

3. 组织、宣传组（2名）

（1）协助教师开展教育教学以及其他活动。

（2）协助教师保存及上传班级群信息及相关资料。

（3）协助班级推广、拍摄、记录班级活动情况。

（4）协助教师进行班级组织、宣传工作。

4. 安全组（2名）

（1）协助教师参与制定班级活动安全预案。

（2）幼儿入园、接园或班级开展活动时，协助教师进行幼儿安全相关工作。

我们真诚地欢迎您代表家长向我们提出宝贵的意见与建议，欢迎您把您温暖的博爱和丰富的资源分享给每个孩子，更欢迎您能为老师和家长们解决后顾之忧。

您的参与会让孩子们获得更加优质的服务，拓宽孩子们的视野。

您的参与会让孩子们学习到家长精益求精的工作态度，锲而不舍的进取精神。

您的参与会让孩子亲眼见证家长在"爸爸/妈妈"这个身份之外的风采。

您的积极参与，您的干练有素，一定会成为孩子的自豪和骄傲，会成为孩子崇拜的偶像，更会成为孩子学习的榜样。

身教重于言传，请家长们把握机会，向孩子展示更多层面的您，我们在此等您！

小五班

9月10日

3. 根据报名情况选择进入下一环节

（1）人数不足，进行动员

当家长自愿报名人数不足时，教师可以根据前期了解到的家长情况，选择热心、有组织协调能力的家长进行个别动员。

可以采取面谈、私聊或打电话的方式。沟通时先说明孩子在园情况，夸夸孩子，当然，语言要中肯，也不能过于夸大；之后说说自己和这位家长接触之后的感觉，夸夸家长——同理，语言要中肯，不能过于夸大；然后说明和其他教师商量后，都觉得请对方担任家委会某某岗位是最合适的。如果这名家长仍不愿参加，可以动员其他家长。

（2）人数超过，组织竞选

当家长主动报名的人数超过需要人数时，为确保公平、公正、公开，一般会组织竞选活动，由候选人进行竞选演讲，全体家长进行民主投票，最终根据得票情况进行人员的确定与安排。

下面是班主任在竞选活动中的主持词：

尊敬的各位家长朋友：大家下午好！

非常感谢大家在百忙之中抽出时间前来参加本次家委会竞选活动，我们从中可以看出您对孩子教育的重视和对班级工作的大力支持。

一个搞得好的班级离不开家长的大力支持。今天把大家邀请来，与其说是竞选，不如说是为了增进感情、拉近距离、沟通思想、分享智慧。一直以来，我们幼儿园都非常重视家长工作，之前也有好多家长积极参与到班级活动中来。我们有"家长进课堂""家长义工""家长学校"等，这些活动都极大地开阔了孩子们的视野，丰富了孩子们的幼儿园生活。

前几天，有10位家长踊跃报名参加班级家委会竞选。我们先给这10位热心、积极的家长鼓鼓掌，不管今天有没有竞选成功，你们都是值得称赞的。在竞选开始之前，我来跟大家说明一下：小五班家委会由6人组成，分别是会长1人，副会长1人，组织委员、宣传委员2人，安全委员2人。候选人演讲完毕后，得票前6名者，当选家委会成员，得票前两名者自动当选为家委会会长、副会长，其余4人根据自身特长选择相应职位。参加演讲的家长也要参与投票。请李老师和张老师现在把选票发给大家，请大家根据选手的演讲情况，在你要投的姓名后边划"√"即可。

　　下面掌声请一号家长上台演讲，请二号家长做好准备……

　　感谢各位家长精彩的演讲！请大家自觉排队把选票投到投票箱里。

　　下面请家长代表监督教师开箱情况。

　　下面请家长代表和李老师、张老师共同计票。

　　现在，我宣布小五班家委会成员的组成，他们分别是……请大家掌声表示祝贺！

　　感谢大家的热情参与，今天的竞选活动到此结束，谢谢大家。外面已经天黑了，请大家注意安全、顺利返家，再见！

　　下面是小五班家委会竞选的选票：

小五班家委会竞选选票

亲爱的家长朋友：

　　大家好！班级家委会是全体家长的代表，请您参与投票共同推选出班级家委会成员！本次共有10位候选成员，请在"姓名"对应的栏里划"√"，投选6人，多选及少选无效，感谢您的参与！

幼儿姓名	家长姓名	同意

4. 家委会成员公示

　　家委会成员确定后，为方便家长及时联系沟通，在征得家长同意后，教师及时将家委会成员统计表公布在班级群里。

　　下面是家委会成员公示：

各位家长朋友：

　　大家好！衷心感谢大家对小五班成立家委会的热心参与！首届家委会的成立，代表着有了更多的叔叔和阿姨为我们小五班可爱的孩子们服务了。经过家长们的自我推荐和民主竞选，现已推选出6名家委会成员（表6-2）。

表6-2　小五班家委会成员统计表

职务	幼儿姓名	家长姓名	电话	工作单位
会长				
副会长				
组织、宣传委员				
组织、宣传委员				
安全委员				
安全委员				

　　咱们班的家委会本着为所有家长和孩子负责的原则开展工作，以促进班级友爱、向上为目的，真诚地欢迎和希望各位家长对家委会工作以及班级工作建言献策，大家一起努力，共建一个团结、友爱、积极、向上的温馨小五班！

　　到此，班级家委会正式成立，开始进入工作阶段。

（二）家委会的运作

1. 明晰家委会职责

　　（1）关心班级保教工作，及时解决班级的实际困难，为班级多办实事。如为幼儿统一购买图画本、水彩笔等材料，组织幼儿排练童话剧等。

　　（2）利用班级家长的资源，为班级各项活动提供服务，如协助教师组织亲子运动会等活动，帮助收集幼儿健康码、体温统计表等。

　　（3）及时向教师反馈家长对幼儿园、班级的意见或建议，发挥桥梁、纽带作用，并协助调解家长与幼儿园、教师之间的争议和矛盾。

2. 定期召开家委会会议

　　班级要定期召开家委会会议，商讨班级重大问题，听取家委会成员建议，组织丰富多彩的活动。每次会议都要做好记录。

　　下面是班级第一次家委会会议的记录表（表6-3）：

表6-3　小五班家委会会议记录表

时间	××年××月××日	地点	小五班教室
主持人	王老师	记录人	李老师
参加人员	家委会全体成员		
会议主题	学习家委会章程、商讨家委会活动		

续表

主要内容	1. 王老师带领大家学习幼儿园家委会章程，明确家委会的目的和作用、权利和义务、主要职责等。 2. 家委会成员商量、讨论适合本班级的亲子活动。 王老师：亲子活动不仅能增进家长和孩子之间的情感交流，有利于孩子身心健康成长，而且能帮助我们之间快速熟悉起来。幼儿园每年都会组织不同的亲子活动，大家对于亲子活动有什么想法？ 睿睿妈妈：我之前参加过老大班里的秋游活动，气氛特别好，咱们也可以组织亲子秋游活动。 岳岳爸爸：自从毕业后就再也没参加过这种集体活动，我还挺期待咱们的亲子活动呢。不过，这些方面我了解得不多，听听大家的意见吧。 希希妈妈：秋游活动不错，这个季节不冷不热，我还想带着希希周末出去玩呢，大家一起去还能多认识朋友。 雨雨爸爸：我也挺想参与咱们幼儿园班级活动的。老师原来都组织过什么活动呀？ 王老师：之前我们有家长进课堂活动、亲子运动会、亲子游园会、跳蚤市场活动等等。刚才大家提的亲子秋游也很不错。这样，大家回去再好好思考一下大家想要的、适合咱们班的亲子活动形式。下次会议我们再充分讨论一下。

3. 策划组织班级活动

家委会成员与班级教师商定好活动主题后，首先要明确人员分工，根据家委会成员职责，分配具体任务。活动前要考察活动地点，记录相关信息，如交通状况、场地大小、有没有安全隐患等；活动时间要确定好，要考虑天气因素，上午还是下午等；提前大致了解有多少人可以参加活动，安排活动内容；写活动策划书，一般包括活动背景、活动目的、活动时间、活动地点、活动准备、参加人员、活动过程、活动注意事项等，并与班级教师及时沟通活动细节。

活动时，家委会成员最好提前在预订地点集合，清点人数，然后按照计划开展活动。活动中遇突发状况，要紧急应对处理。活动结束，再次清点人数，并清理活动场地，把人员安全带回。

4. 协调家园关系

家委会作为家园沟通的桥梁，可以了解家长需求和反馈家长意见，做好家园信息沟通，起到协调家园关系的作用。家长委员会是家长群体的代表，可以就某一问题及时收集大多数家长的意见、态度，并与班级老师进行直接对话，这样家园沟通的效率会比"一对一""点对点"的沟通方式更高。此外，家委会成员在家长中具有一定的威信和影响力，幼儿园可以凭借家委会做好家长工作，这样更容易得到家长们的信赖与认可。

例如，小班的壮壮比较活泼好动，喜欢用动作表达自己的想法而不是语言。他喜欢谁、想和谁玩，总会用手碰别人，被很多小朋友、家长误以为壮壮天天打人。

老师经常会收到关于壮壮的投诉，还有些家长不直接和老师反映，但放学时经常凑在一起讨论。家委会会长及时关注到家长私下的抱怨，主动找老师沟通这个问题。为了安抚家长情绪，解除家长顾虑，会长提出可以通过家长助教的方式，让一些家长进班跟岗，了解幼儿在园的一日生活。特别关注一下壮壮的行为表现，给一些经常回家告状的幼儿家长来园参观的机会。通过亲眼观察，壮壮的问题迎刃而解，家园关系也更加紧密了，家委会起到了至关重要的作用。

5. 参与班级管理

家委会在日常工作中可以与班级教师共同商讨班级计划，协助教师组织幼儿活动，共同布置环境。与幼儿一同搜集与主题相关的信息资料，带动其他家长更主动、更积极地配合教师工作，帮助幼儿园挖掘和整合家长资源，为幼儿园和班级的各项工作群策群力。

例如，在新冠肺炎疫情防控工作常态化的形势下，教师在日常工作之外，又增加了大量的疫情防控工作。每天收集全班幼儿及共同居住者的健康码、行程码、体温记录表等工作，耗费了教师大量的时间和精力。这时候家委会主动参与信息收集工作，取得了良好效果。某班家委会成员提出了借鉴社区网格化管理的方法，将全班分组管理，全班38个家庭按学号顺序划分为8个网格，8个家委会成员分别担任网格员，每人负责联系4～5个家庭。家委会成员负责本组人员每天健康码、行程码打卡任务完成情况的收集、汇总，家长问题和意见的反馈等。如果遇到紧急通知，教师联系家委会成员，由他们负责传达到每一个家庭。这样一来，不仅大大提高了工作效率，节省了教师时间，家委会成员们参与班级管理的能力也大大提升。委员们在参与管理、服务他人的工作中获得了大大的成就感。

（三）定期进行家委会工作总结

家委会一般每学期末进行一次工作总结。班主任定好时间、地点后，提前通知家委会成员。会上，一般先由教师进行本学期工作总结，给大家讲讲本学期班级的课程开展、幼儿表现、卫生保健、班级活动等情况，让家委会成员全面地了解幼儿园的工作、孩子的收获以及班级未来发展方向。同时，教师要感谢每个家委会成员的辛勤付出，感恩家委会成员在家长和老师之间发挥的桥梁作用。接下来，可以请家委会成员轮流讲讲自己的工作总结与感受。之后，教师组织家长讨论本学期工作有何问题、如何解决，收集家委会的工作意见、建议。最后，教师与家委会成员合影留念，亲切告别。

二、利用社区资源的工作流程

在社区资源利用方面，要本着互惠合作的原则，分析周边社区当中的可利用资源，组织相关活动，并且通过总结思考，使活动得以进一步延伸。具体流程如下：

分析社区可利用的资源 ➡ 根据资源情况组织活动 ➡ 活动总结与反思

（一）分析社区可利用的资源

1. 物质资源

包括自然物质资源和社会物质资源。自然物质资源主要是社区内的自然环境，如阳光、土地、石头、江河湖水、花草树木等，可供幼儿观察自然界中的各种事物。例如，在幼儿园"秋天多么美"主题活动中，教师带领幼儿一起来到小区公园里，观察花草树木，感受天气的变化，寻找秋天的影子；来到农田里，观察成熟的农作物，与农民伯伯一起体验秋天收获的快乐。

社会物质资源，包括社区内的公共场所以及社会机构，如体育场、广场、汽车站、火车站、游乐园、商场、菜市场、水果店、超市、学校、医院、敬老院、警察局、消防队、银行等，可以丰富幼儿生活的体验。例如，一次区域游戏中，中班的孩子们对买卖东西兴趣浓厚，于是老师带领班里的孩子们来到银行和超市参观，观察和了解银行、超市的环境以及工作人员的状态，并鼓励幼儿积极与工作人员进行交流。丰富的生活经验积累，运用到班级区域游戏活动中，也大大地丰富了游戏内容。

2. 人力资源

社区中有来自各行各业的人们：医生、护士、军人、警察、司机、消防队员、教师、厨师、会计、演员、艺术家、设计师、主持人……邀请不同职业的家长或社区居民来园分享他们的工作或带领幼儿参观不同的工作场所，使幼儿通过亲身体验，了解社区中各种职业，感受社会中的人和事。例如，大班教师结合幼小衔接主题，带领幼儿参观小学，邀请在小学做老师的家长妈妈介绍小学的生活学习情况；幼儿到了换牙的年龄，请社区医生给孩子们讲一讲如何护牙。

3. 文化资源

其中包括文化场所和文化行为。文化场所有图书馆、美术馆、科技馆、展览馆、纪念馆、影院、剧院、名胜古迹等。例如，对幼儿进行爱家乡教育时，带领孩子们实地参观并认识家乡的景点，了解其相关的背景和传说，让孩子们亲身感受家乡的文化。

文化行为包括社区自己的文化特色、风俗习惯、节日活动、民间传统等活动，这些都可以成为幼儿园教育的宝贵资源。例如，重阳节时，为传承尊老敬老的美德，教师邀请社区退休的老人来到幼儿园共度节日。老人们为幼儿表演了拿手的节目，孩子们把自己做的小礼物送给老人，大家一起载歌载舞，分享快乐。

（二）根据社区资源情况组织丰富多样的活动

1. 社区人员进课堂

社区蕴涵着丰富的人力资源，人们从事着不同的行业。教师可以充分挖掘和利用这些资源，将社区人员请进课堂，给幼儿讲讲不同行业的知识。如，邀请从事印染工作的人员给孩子们讲讲布是怎样染成彩色的，并现场调试颜料，让孩子们体验颜色的神奇变化。邀请老年活动中心有剪纸绝活的老人进课堂，孩子们能学习到不少剪纸的诀窍，领略传统艺术的风采。

视频：社区
人员进课堂

2. 演习活动

幼儿园每年都会举行安全演习活动，教师可以邀请消防队、派出所的工作人员入园，与幼儿、教师共同进行演习活动。如，消防演习、防拐骗演习、防暴演习、防震演习等，让幼儿亲身感受，牢记遇到紧急事件的处理办法。

3. 职业模拟

职业模拟指的是在专业人士的参与、帮助下，在幼儿园内进行某种职业活动的模拟与体验。如教师邀请快递工作人员来园，幼儿模拟快递工作人员进行收寄、分拣、运输、投递等工作流程。

4. 参观活动

社区中有各种不同的场所，其中有许多是幼儿特别感兴趣、具有独特教育意义的。教师可以根据教育的需要，组织幼儿去这些场所参观、游览、体验，创造幼儿与社会真实接触的机会。

5. 节日庆祝、献爱心活动

教师和幼儿在特殊节日里走出幼儿园和社区人员一块儿庆祝联欢，也是社区教育活动开展的一项重要内容。如重阳节教师带领幼儿走进社区探望孤寡老人，通过文艺表演、爱心联谊等形式，感受节日气氛。到社区开展"关爱留守儿童""爱心助学"等一系列献爱心活动。

（三）精心设计活动过程

1. 活动前

（1）选择地点。教师根据课程需要、幼儿兴趣、资源的安全性、活动的可操作性等因素，选择合适的活动地点，如【案例6-2】。可以"请进来"，也可以"走出去"。

（2）了解幼儿原有经验。根据选择的活动地点，教师通过谈话、讨论、观看图片或影像资料等方式，了解幼儿对该地的熟悉程度。

（3）明确活动目的。教师和幼儿在活动之前要列出活动中可能出现的问题以及解决这些问题的方法，通过认真梳理，教师和幼儿可以共同明确活动目的，使活动有明确的指向性和针对性。

（4）讨论活动规则。教师和幼儿共同讨论外出安全注意事项，讨论活动的文明礼貌要求，并做好安全预案。事先设想好活动过程中可能出现的突发事件，完善针对突发事件的应对策略，组织幼儿进行安全演练。

（5）教师提前准备。一方面应当通过查阅相关资料等方法多角度、全方位了解和熟悉活动地点，以备能够适时引导幼儿。另一方面，教师应当提前与活动地点工作人员沟通联系，确认活动的时间、人数，并对活动地点进行事先"踩点儿"，做到心中有数。

（6）明确人员分工。为确保幼儿安全，活动前要明确陪同参观的人员及其工作分工，并对陪同参观人员进行一定的安全培训。

（7）物质准备齐全。所有活动所需要的物质材料、设施设备准备齐全。幼儿最好统一着园服或统一服装颜色，方便教师进行安全管理。

2. 活动中

（1）灵活应用活动的形式。可以有集体活动、分组活动，可以先由教师带领幼儿进行集体活动，然后教师和陪同人员分工，带领幼儿分组活动。活动过程中小组成员间可以灵活交流、讨论。

（2）把握时机，适时引导。活动过程中教师要牢记活动目标，根据活动过程中的实际情况，把握时机，对幼儿进行随机、有效的指导。

（3）注意观察，捕捉幼儿的新问题。在活动过程中，除了时刻注意幼儿安全问题外，教师还要注意观察幼儿的反映和表现，及时发现幼儿的新问题、兴趣点与关注点，努力推进活动。

3. 活动后

活动结束后，教师要及时清点人数，检查幼儿身体有无安全问题，将幼儿安全带回。

（四）活动总结与反思

1. 总结反思

返回幼儿园后，教师要及时带领幼儿对活动进行总结反思。回顾活动过程中的各种情况，总结活动前的问题有没有解决，怎样解决的，没有解决的问题该怎么办。

2. 交流分享

采用多种形式将活动的结果进行交流分享。例如，请幼儿来当"小小讲解员"，讲一讲自己的所见所闻；幼儿用绘画、符号等形式记录下活动过程和内容，布置成"小展览"。邀请其他班级的幼儿、教师或家长来观看展览，使活动的效益最大化。

3. 开展延伸活动

一次活动结束不是社区资源利用的结束，更不是相关教育的结束。活动后，及时开展相关的延伸活动，不仅能有效巩固活动效果，还能拓展幼儿思维，推动幼儿进一步思考与探索。同时，教师也要反思如何改进活动方式可以让社区资源更有效地利用？还有哪些相关的社区资源，可以让孩子们的认识更加深入？让这一次活动成为下一次活动的开始。

任务三　家园合作及社区资源利用工作要点

　　家园合作及社区资源利用是社会化程度比较高的活动。要想实现幼儿园、家庭、社区三者协调一致，取得良好的协同育人效果，需要注意以下工作要点。

一、思想认识要统一

　　家庭、幼儿园和社区是幼儿的三个重要生活环境，三者之间不仅要在教育内容和管理方法上相互配合，更应该在教育观念上达成一致，才能实现真正意义上的家园社协同共育。幼儿园教师要不断地学习现代教育思想和先进教育方法，提高思想认识。同时，通过开办家长学校，让家长学习育儿知识，更新育儿观念，了解国家教育方针政策，了解幼儿园的教育目标和要求。并从实际出发，取得社区的支持，开展各种各样的社区活动，使幼儿园、家庭、社区教育保持一致、协调统一。

视频：更新
教育观念
实现家园合
作

二、信任关系要建立

　　相互信任是实现合作的基础和前提，要使幼儿园、家庭、社区协调一致地合作，其关键在于三者之间必须建立相互信任的关系，其中幼儿园起到重要的连接作用。

　　在与家庭交流的过程中，教师应主动表达尊重，赢得家长信任。热情友好的态度，亲切温和的话语，平等交谈的氛围，都是表达尊重的好方法，会给家长留下"好相处"的印象。同时，家长会根据对教师的"印象"来揣测教师对待幼儿的态度，比如"好相处"的教师对待幼儿的态度肯定也是好的，"不好相处"的教师对待幼儿的态度可能就是差的。教师在与家长的相处中彼此尊重和信任，会成为家园合作的基础。

　　幼儿园在与社区交流的过程中，应坚持互利互惠、平等交流的原则。在考虑利用社区教育资源之前，幼儿园要调查社区对教育的态度。只有社区重视教育，理解并接受正确的教育观，幼儿园与社区的合作才能顺利进行。同时，要积极发挥幼儿园资源优势为社区服务，宣传科学的早期教育，成为社区家庭教育指导中心，为社区服务提供便利。

三、活动载体要丰富

　　要实现幼儿园、家庭、社区之间的紧密联系，开展丰富多彩的活动是必不可少的。幼儿园可以经常组织开展合作活动，三方通过各种合作共育活动加强理解和联系。比如举办一些幼儿园、家庭、社区共同参加的亲子运动会，设计一些需三方合作完成的趣味游戏、节目表演或育儿知识抢答竞赛等，为幼儿园、家庭、社区创造交流机会。

拓展学习

一、幼儿园和家庭教育影响的一致性

苏霍姆林斯基在《给教师的建议》中指出："教育的效果取决于学校和家庭教育影响的一致性。如果没有这种一致性，那么学校的教学和教育的过程就会像纸做的房子一样倒塌下来。"这也反映了教育的一致性原则。只有家长和幼儿园双方同心同德且方法得当时，才会出现"1+1>2"的教育效果。提高家园合作的质量，幼儿园要及时地对家长进行指导，鼓励家长学习教育科学、教育艺术、家庭教育的意义和方法等知识，帮助家长了解幼儿的个性特点和年龄特征、树立科学的育儿观，掌握教育子女的科学方法，合理解决在教育子女中所遇到的各种困难。家庭与幼儿园教育的理念与目标一致，为每个幼儿创造和谐愉悦的教育氛围，让教育在和谐中焕发出无穷的魅力，从而使幼儿形成和谐完美的人格促进幼儿身心和谐发展。

二、社区教育资源的教育价值分析

教育价值是指通过教育工作者组织的活动，把教育资源由社区中的普通事物转化为儿童的学习内容、学习材料或学习环境等，满足儿童发展的需要。每一类社区教育资源都具有自己独特的核心价值，都具有促进幼儿认知能力、相关技能与情感态度全面发展的价值（表6-4）。

表6-4 社区教育资源的价值分析

教育资源	核心价值	认知价值	能力技能价值	情感态度价值
社区自然物质资源	激发幼儿对自然界的兴趣，培养他们的探索能力、初步的环保意识与环保能力。	认识周围的自然环境，以及环境与人们生活的关系，培养幼儿保护环境的意识。	引导幼儿对身边常见自然事物和现象的特点、变化规律产生兴趣。培养幼儿科学探索能力。	丰富幼儿的感性经验和审美情趣，培养他们热爱自己家园的美好情感。

续表

教育资源	核心价值	认知价值	能力技能价值	情感态度价值
社区社会物质资源	帮助幼儿初步了解周围社会的常见设施与机构的功能、作用和使用方法，了解基本社会行为规则。	认识周围常见设施，了解它们的作用、功能和使用方法。了解基本的社会行为规则，知道爱护公物。	帮助幼儿掌握利用某些生活文化服务设施的初步技能，培养幼儿学会爱护公物和自觉维护公共环境的整洁。	养成对他人、社会亲近合作的态度。培养幼儿对中国传统文化的热爱。
社区人力资源	引导幼儿了解多种劳动形式，培养幼儿与他人交往的技能，培养幼儿尊重劳动者及其劳动成果。	引导幼儿认识周围人们的劳动，知道尊重他人的劳动。	培养幼儿广泛的社会交往技能，学会与不同的人交往，懂得基本的礼貌。	培养幼儿对劳动者的热爱和对劳动成果的尊重，帮助幼儿形成与他人亲近合作的态度。

实践园地

思考与练习

以下是李老师设计的幼儿园大班《家乡的建筑》活动方案。

［活动目标］

感受家乡建筑的美，产生爱家乡的情感。

能用语言和其他方式表达家乡建筑的特色。

［活动准备］

家乡各式建筑的照片、布置家乡建筑博览会

［活动过程］

参观家乡建筑博览会：小朋友们收集了许多家乡建筑的照片，我们布置了一个建筑博览会，一起去参观好不好？参观时要留意家乡都有哪些种类的房子？你觉得它们看上去怎样？喜欢它们吗？为什么？

交流感受：把你最喜欢的建筑照片挑出来，贴到展示牌上。我们一起来欣赏一下你最喜欢的建筑，为什么你认为它很美？

为家乡设计建筑：用你的小手，画一画你心目中的美好建筑吧！

请分析李老师的设计存在什么问题，如何解决？并根据分析结果，重新设计活动方案，使活动更加贴合幼儿实际。

赛证真题

2020年下半年教师资格证考试真题

11. 简述社区在幼儿园教育中的作用。（简答题）

【答案解析】

详见"家园合作及社区资源利用的意义与价值"中："（二）有效利用社区资源，促进幼儿全方面发展"，此处略。

参 考 文 献

［1］闫芃.当前幼儿园教育活动中存在的问题及对策思考[D].济南：山东师范大学，2012.

［2］张艳霞.新形势下加强幼儿园安全教育管理的实践与探索[J].课程教育研究，2019，（5）.

［3］马绮蔚.幼儿园班级安全管理研究——以兰州市某幼儿园为例［D］.武汉：华中师范大学，2016.

［4］俞燕婷.大班幼儿自我管理能力的培养[J].华夏教师，2019，（25）.

［5］师远贤.论幼儿教师职责的两种特性[J].教育导刊，2020，（4）.

［6］谭孟琳.幼儿户外游戏活动安全问题及对策研究——以江西省青山湖区幼儿园为例[D].南昌：江西科技师范大学，2019.

［7］张莉.幼儿园班级一日活动安全管理常见问题研究[D].昆明：云南师范大学，2021.

［8］梁冰冰.幼儿园常规教育研究[D].上海：上海师范大学，2018.

［9］彭双梅.幼儿园教学活动常规及其影响研究[D].长沙：湖南师范大学，2019.

［10］杨益星.幼儿园新手教师班级常规管理的行动研究[D].太原：山西大学，2021.

［11］李辉.幼儿园一日活动中游戏活动实施现状及改进策略研究[D].杭州：浙江师范大学，2016.

［12］王普华.幼儿园管理[M].北京：高等教育出版社，2019.

［13］秦旭芳.幼儿园班级管理[M].北京：中国人民大学出版社，2021.

［14］张春炬 李芳.幼儿园安全管理策略[M].北京：中国轻工业出版社，2017.

［15］苏晖.幼儿园安全管理实用手册[M].北京：中国农业出版社，2016.

［16］赵春龙，王国昌.幼儿园班级管理［M］.长沙：湖南大学出版社，2018.

［17］Steffen Saifer.幼儿园班级管理问题预防与应对［M］.曹宇译.北京：中国轻工业出版社，2018.

［18］教育部人事司，教育部工人考核委员会.保育员应知应会[M].北京：北京师范大学出版社，2013，（1）.

［19]李生兰.幼儿园与家庭、社区合作共育的研究[M].上海：华东师范大学出版社，2013.

群名称: 学前教师课程交流群

群　号: 69466119